TRATADO DE LOS DELITOS
Y DE LAS PENAS

TRATADO
DE LOS DELITOS
Y
DE LAS PENAS.

POR BECCARIA.

NUEVA TRADUCION.

Con el Comentario de Voltaire, la Respuesta de Beccaria á las Notas y Observaciones de Facchinei, las Observaciones de Hautefort, las Cartas relativas á la obra, las Consideraciones de M. Rœderer sobre la pena de muerte, las Notas (entre las cuales algunas ineditas) de Diderot, de Morellet, de Brissot de Warville, de Mirabeau, de Servan, de Rizzi, de M. Berenger, etc.

PRECEDIDA DE UNA NOTICIA SOBRE BECCARIA.

« En las cosas dificiles, no hay que esperar sembrar y coger todo à la vez; es menester trabajar para hacer madurar, à fin de poder recoger un dia los frutos que se han de sacar.

BACON.

MADRID,

EN LA IMPRENTA DE ALBAN.

Hállase tambien en casa de ROSA, en Paris, gran Patio del Palacio Real.

1822.

BECCARIA

TRATADO DE LOS DELITOS Y DE LAS PENAS

PRECEDIDA DE UNA NOTICIA
SOBRE BECCARIA

18ª edición

Tomada de la 14ª edición facsimilar

EDITORIAL PORRÚA
AV. REPÚBLICA ARGENTINA 15
MÉXICO, 2010

Primera edición: *Dei Delittie della Pene*, Milán, 1764
14ª edición facsimilar en Editorial Porrúa, 2004
Primera edición actualizada en Editorial Porrúa, 2005

Esta edición y sus características son propiedad de
EDITORIAL PORRÚA, SA de CV 2
Av. República Argentina 15 altos, col. Centro, 06020, México, DF
www.porrua.com

Queda hecho el depósito que marca la ley

ISBN 970-07-6262-9

IMPRESO EN MÉXICO
PRINTED IN MEXICO

NOTA

Con el comentario de Voltaire, la respuesta de Beccaria a las notas y observaciones de Facchinei, las observaciones de Hautefort, las cartas relativas a la obra, las consideraciones de M. Rœderer sobre la pena de muerte, las notas (entre las cuales algunas inéditas) de Diderot, de Morellet, de Brissot de Warville, de Mirabeau, de Servan, de Rizzi, de M. Berenger, etcétera.

En las cosas difíciles no hay que esperar sembrar y coger todo a la vez; es menester trabajar para hacer madurar, a fin de poder recoger un día los frutos que se han de sacar.

BACON

AVISO DEL EDITOR

Si nos acordamos de los felices efectos que produjo la obra maestra de Beccaria, y que a ellos es a quienes debemos la abolición del tormento en la mayor parte de los estados de Europa, la supresión de los suplicios y la mejoría de las leyes penales, deberemos siempre colocar a Beccaria entre los bienhechores de la humanidad, y su libro entre las producciones más nobles del entendimiento humano.

El *Tratado de los delitos y de las penas* ha tenido ya en Italia treinta y dos ediciones. Su acogida en Francia ha sido igualmente favorable; se ha traducido a todas las lenguas de Europa. Pero nos atrevemos a decir que las traducciones que nos han dado carecen de la fuerza y energía del original. La del abate Morellet, hasta ahora la más estimada, tiene demasiada frialdad y oscuridad en muchos casos. Es cierto que Beccaria es algunas veces confuso y falto de claridad en los objetos muy delicados de tocar, en el país y tiempos en que vivía.* Por esto no se le debe vituperar, pues que no le era posible el poner más claros algunos pasajes. Pero a lo menos se ha tratado en esta nueva traducción, de no dejar nada que pueda embarazar al lector; supliendo con las notas de varios autores célebres, la falta de claridad que ella de por sí no puede dar en algunas partes.

Antes de hablar de estas notas, debemos confesar que se ha buscado todo cuanto había de mejor en las traducciones precedentes, a excepción de la de M. Dufey, que no estaba aún publicada, y que luego ha parecido inexacta.

Se ha añadido a esta edición todo lo que se necesita para una obra completa: tiene a continuación el comentario de Voltaire, un extracto de las respuestas de Beccaria a las notas y observaciones

---

* Véase al fin de este volumen, el parecer de un profesor italiano.

de Vicenzo Facchinei, las juiciosas observaciones de Hautefort, el juicio de un célebre profesor, la nota de Brissot de Warville, y las cartas de Beccaria y de Morellet, relativas al *Tratado de los delitos y de las penas.*

Hemos agregado en el capítulo XXVIII las excelentes consideraciones de M. Rœderer sobre la pena de muerte. Se sabe que M. Rœderer ha publicado en 1797 la edición más elegante de la traducción de Morellet. A su beneficencia debemos también varias notas inéditas del abate Morellet, que hemos unido a nuestra traducción con las de Diderot (de las que hay algunas que se han publicado por primera vez), las de Brissot de Warville y diversos trozos de Servan, de Mirabeau, de Rizzi, de M. Berenger, etcétera.

También hemos puesto en cabeza una noticia sobre Beccaria. Hemos consultado todas las publicadas hasta ahora, y sobre todo la de la nueva biografía de los contemporáneos, y la que M. de Lally-Tollendal ha dado en la biografía universal. Igualmente hemos recogido varias notas de diversas personas que han tenido la dicha de conocer a Beccaria, o estaban en relaciones con su familia.

Creemos, pues, que hemos superado a aquellos que han publicado antes que nosotros la misma obra; y el lector se convencerá de ello cuando haya recorrido nuestra edición.

C. Y.

NOTICIA SOBRE BECCARIA

César Bonesano, marqués de Beccaria, nació en Milán, en 1735, de una familia no opulenta, pero sí célebre en el milanés, por los guerreros y los sabios que había producido.

Desde luego, y muy temprano, manifestó tener un alma viva y generosa, mucha sensibilidad y un entendimiento inclinado a cosas grandes. Unos excelentes estudios desenvolvieron en él tres pasiones que le ocuparon muy fuertemente toda su vida: el amor a la libertad, la compasión por las miserias humanas, y el ardor de la gloria. Jamás estos nobles sentimientos extraviaron el entendimiento de Beccaria, como sus enemigos pretenden, porque no hay más que los que siguen el fanatismo, la superstición y la ignorancia que puedan escariarse. Además, este joven estaba dotado de una rara sabiduría y de un juicio acertado, que le tuvieron siempre lejos de todo exceso.

Apenas salió del colegio cuando anunció lo que debía de ser en breve: un amigo de la razón y de la humanidad. Había aprendido la lengua francesa, la que desde el último siglo se había hecho indispensable a la buena educación, y entre sus primeros placeres ponía el de formar su entendimiento con la lectura de los filósofos.

Las *Cartas persanas* de Montesquieu son a las que debió, como lo dice en su correspondencia, su "conversión a la filosofía", y esta alma independiente que le ha inspirado tan bellos pensamientos.

Aun manifiesta su reconocimiento por los grandes escritores que acabaron de ilustrarle: Montaigne, Buffon, d'Alembert, J. J. Rousseau, Montesquieu, Voltaire, Condillac, tales fueron los maestros que escogió, y sobre cuyas trazas marchó dignamente.

El conde de Veri, el marqués Longo, el conde Firmiani y algunos otros filósofos, que la Italia veía sin duda con asombro formarse en su seno, se hicieron los amigos de Beccaria. Muy pronto se enlazó en los vínculos del matrimonio, y fue tan feliz esposo, como era dichoso amigo.

Es muy agradable ver a un joven sabio y a un defensor de la humanidad, hablar con entusiasmo de su felicidad doméstica; pero esta felicidad, tan rara en los grandes hombres, no podía durar siempre: Beccaria debía también ser perseguido.

A la edad de veintidós años había concebido el plan de su obra inmortal sobre los delitos y las penas; pero no se atrevía a emprender este trabajo, con la libertad de espíritu de que se sentía animado, en un siglo y en un país donde la Inquisición florecía todavía. Sus amigos le estimularon a arrostrar algunos obstáculos, representándole la gloria que la posteridad reservaba a sus esfuerzos. Principió su tratado a los veinticuatro años, y publicó dos años después, en 1762, un libro intitulado *Del desorden de monedas en los estados de Milán, y de los medios de remediarlo.*

Esta obra tan útil hizo bastante ruido: abrió los ojos del gobierno milanés sobre la reforma monetaria, indispensable desde mucho tiempo. Se reimprimió en Luca y sin duda que la traducción hallaría en Francia lectores que la verían con placer; pero nunca se podría apreciar por su justo valor, porque el interés que presenta es absolutamente local. Así es también que leemos muy poco la historia de Port-Royal del grande Racine, mientras que sabemos sus tragedias de memoria.

En el mismo año 1762, fue cuando Beccaria, desolado al ver que en una población de ciento veinte mil almas, la ciudad de Milán, ofrecía apenas "veinte personas que gustasen de instruirse y que rindiesen homenaje a la verdad y a la virtud", se ocupó en formar una sociedad de filósofos que emplearon todos sus esfuerzos en esparcir las luces entre sus conciudadanos.

Puesto a la cabeza de esta sociedad de amigos de los hombres, Beccaria quiso hacer por su país lo que Adisson había hecho en Inglaterra publicando el *Espectador*: fundó una obra periódica intitulada *El Café*, en la cual emprendió la crítica de los vicios, de la ignorancia y de las ridiculeces que se atribuían entonces a los italianos.

Los trozos más hermosos de esta recopilación, que apareció en 1764 y en 1765, son en general de Beccaria. Lo que sobre todo se ha admirado más son sus *Pesquisas sobre la naturaleza del estilo*, en donde procura con energía estimular a sus conciudadanos a entregarse a los nobles trabajos del entendimiento, demostrando que todo hombre ha recibido de la naturaleza bastante inteligencia para comprender, bastante talento para escribir y bastantes ideas para ser útil.

Esta pequeña obra fue reimpresa en 1770, y el abate Morellet dio a luz, el año siguiente, una traducción de ella, que fue aprobada en Francia porque lo merecía.

Pero antes de establecer *El Café*, y mientras preparaba sus materiales, Beccaria había publicado ya la obra que le inmortaliza. El *Tratado de los delitos y de las penas* fue concluido, y el autor no tenía aún más que veintiséis años. Sin embargo, la desconfianza que los hombres de un respetable talento han tenido siempre en sus propias fuerzas, y más aún acaso el temor de las persecuciones que veía ya prontas a suscitarse contra él, le impidieron por lo pronto publicar esta grande obra. Él sabía que a la aparición de su libro, los frailes fanáticos agitarían todas las serpientes de la calumnia, y denunciarían al escritor que se atrevía a ser filósofo. Algunos hombres tímidos le asustaron sobre las funestas consecuencias que podía acarrearle el honor de haber hecho un buen libro; y Beccaria iba a quemar su manuscrito.

El conde Veri y algunos de estos sabios que habían estimulado a este joven a componer el *Tratado de los delitos y de las penas*, le impidieron sacrificar a su tranquilidad personal un libro que debía tener tanta influencia sobre la felicidad del género humano. Este libro fue publicado en Milán en 1764, y atrajo la atención de toda la Europa ilustrada. Los sabios, los jurisconsultos, todos los entendimientos elevados, y todas las almas generosas, lo acogieron con entusiasmo: en muy pocos meses tres ediciones fueron despachadas, y la tercera fue la que el abate Morellet tradujo en francés por recomendación del respetable Lamoignon de Malesherbes.

El buen éxito del pequeño volumen de *Los delitos y las penas* creció a medida que fue conocido; sucediendo lo que con las obras profundas, pues que sirvió para que saliesen a la luz una multitud de obras sobre el mismo tema.

Justamente apreciado por d'Alembert, anotado por Diderot,

comentado por Voltaire, atacado por los frailes, rodeado de obras de Servan, de Rizzi y de una infinidad de jurisconsultos que marchaban sobre los pasos del sabio milanés, el *Tratado de los delitos y de las penas* debía causar sensación en los entendimientos juiciosos. Se tradujo a todas las lenguas de Europa (el sabio Coray ha publicado una versión en griego moderno); y en todas partes se ocuparon de las reformas, cuya necesidad había hecho sentir el mismo Beccaria.

Las bárbaras formas de la justicia criminal se desenredaron y pusieron más en orden; los procesos fueron más favorables al acusado; el tormento fue abolido; se rechazaron las antiguas atrocidades judiciales, consagradas por una rutina dura y cruel, y más tarde hemos visto los suplicios remplazados por la más simple pena de muerte, el *jury* establecido, y las leyes más humanas y más justas.

"Si defiendo los derechos de la humanidad y la verdad eterna —decía Beccaria en su introducción—, pudiese arrancar a la tiranía o a la ignorancia fanática algunas de sus víctimas, las lágrimas de gozo y las bendiciones de un solo inocente vuelto al reposo me consolarían del desprecio del resto de los hombres". Tuvo la dicha, antes de morir, de ver cumplidos sus deseos, y que su libro fuese la salvaguardia de las víctimas de la justicia humana.

Catalina La grande hizo transcribir el *Tratado de los delitos y de las penas* en su código; la sociedad de Berna hizo acuñar una medalla en honor de Beccaria, y todos los príncipes ilustrados le hicieron la más honrosa acogida. Pero por otra parte, su libro, que Voltaire llamaba el "código de la humanidad", sublevó las pasiones de aquellos hombres que no viven sino haciéndose esclavos de la tiranía y del fanatismo para oprimir a la muchedumbre.

Un fraile de Villombreuse le atacó, le denunció a los inquisidores y a los príncipes, presentó a Beccaria como un ateo y como un sedicioso que era menester castigar, alteró el texto de su obra, y le acusó de blasfemias que es imposible hallar en las páginas del libro *De los delitos.*

Beccaria hubiera podido muy bien dispensarse de responder a esta vil acusación; sin embargo, no lo hizo porque vivía en un país demasiado difícil, y *la mano* que había trazado la defensa animada del género humano, destruyó al enemigo de la humanidad y de la razón.

No obstante, el libro de Beccaria fue proscrito en Venecia por los inquisidores de Estado; se cabaló en Milán, y fue menester al joven filántropo toda la protección del conde Firmiani, que tenía algún poder en el gobierno, para sustraerle de las persecuciones de sus compatriotas, de quienes en el día hace todo el orgullo.

Entre nosotros mismos, los enemigos de la filosofía se desataron también contra un libro que debía traernos las más dichosas reformas. Linguet, en sus anales, lo atacó con una maldad tan refinada que hubiera podido dañar la estimación que se tenía al autor, si el público hubiese ignorado la fe que debía prestar a los juicios de Linguet, si las calumnias más necias y despreciables no se hubiesen descubierto por sí mismas en su crítica, y si Linguet no hubiese dejado percibir demasiado los viles motivos que le animaban para escribir.

Los mismos enemigos de Beccaria imputaron a Linguet, como una imbecilidad, el haber dicho que el libro *De los delitos* estaba "tan mal escrito como débilmente pensado", cuando por la precisión del estilo, la fuerza de los pensamientos y la pureza de los principios, toda la gente de gusto había dado a Beccaria el nombre del Fontenelle de los criminalistas, el Tácito de los jurisconsultos, etcétera.

En cuanto a la anécdota en que Linguet pretende que Beccaria instó a los jueces para poner a la cuestión de tormento al salteador Sartorello, que había despojado a sus amigos sobre el camino real, está reconocido que es una calumnia que carece del más leve fundamento, y que fue imaginada en París para alimentar la envidia.

Unas críticas de esta naturaleza no podían perjudicar a Beccaria, que fue comentado por hombres más dignos de él. Además de la obra de Voltaire, Hautefort publicó algunas sabias observaciones, que el autor italiano honró con su aprobación; asintió también a los consejos del abate Morellet, quien cambió la marcha de la obra, y le dio un plan más metódico. Beccaria adoptó la forma que había tomado su traductor, y es la misma que después se ha seguido.

Otra prueba dio de esta docilidad para la sabia crítica, que no se nota más que en los hombres de un mérito superior. Había adelantado en las primeras ediciones de su libro, que el que hiciese bancarrota, aunque no fuese fraudulenta, podía ser detenido en rehenes de los créditos contra él, y forzado a trabajar por cuenta de sus acreedores. Alguno hubo que le hizo notar la crueldad de esta proposición, la que se apresuró a redactar en las ediciones que siguieron. Declaró, en una nota preciosa, que se avergonzaba de haber tenido unos pensamientos tan bárbaros. "Se me ha acusado —dijo—, de impiedad y de sedición, sin que fuese sedicioso ni impío: he atacado los derechos de la humanidad, y nadie se ha levantado contra mí..."

Las críticas abominables y las persecuciones fanáticas que acibararon los días de este *pacífico amigo de la verdad* nos han privado, sin duda, de otra obra maestra; pues que Beccaria había anunciado una grande sobre la legislación; tenía ya dispuesto el plan; se ocupaba de ella, pero no se atrevió a concluir ni a publicar.

Con todo, si tenía motivos para temer el que los furores del fanatismo se despertasen, se les vio no obstante apagarse, cuando el nombre de Beccaria llegó a ser europeo, y cuando se pensó que era menester ocuparle para impedir que elevase de nuevo la voz en favor de los desgraciados. Sin duda que fue con este objeto que se creó para él, en Milán, en 1768, una cátedra de economía pública, la que desempeñó con distinción.

Si no publicó más que algunos opúsculos sobre la administración y sobre la economía, fue porque sintió y conoció por la experiencia que los hombres son ingratos y que es muy peligroso en ciertas circunstancias ocuparse de su felicidad: vio por todas partes a los filósofos perseguidos; se acordó de cuantas facciones se habían sublevado contra él, y contento con hacer el bien en secreto, no se ocupó más que en acabar en paz, a la sombra de sus laureles, una vida que no estaba perdida para la humanidad.

No debemos olvidar decir que en 1781 tuvo la gloria de proponer a su país, para los pesos, las medidas y las monedas, el sistema decimal, que la Revolución adoptó después en Francia.

La vida de un grande hombre está en sus obras, dijo Voltaire; no entretendremos, pues, más tiempo al lector sobre las ocupaciones de Beccaria; sólo concluiremos diciendo que no buscaba más que gozar pacíficamente de la vida privada, cuando murió de apoplejía, a la edad de sesenta años, en 1795, llorado por todos los que le conocieron, y más digno aun de ser conocido y llorado por el género humano.

En la antigua Roma se hubiera llevado su luto. En Esparta le habrían elevado altares, y en Londres se le habría colmado de honores.

Si el que hizo a la edad de veintiséis años el *Tratado de los delitos y de las penas* hubiese vivido en un país libre, tendríamos otras obras maestras, y la posteridad no se extrañaría del silencio que Beccaria guardó el resto de su vida.

PRÓLOGO DEL AUTOR

Algunos restos de leyes de un antiguo pueblo conquistador, hechas recopilar por un príncipe que doce siglos ha reinaba en Constantinopla, mixturadas después con ritos lombardos, y envueltas en farragosos volúmenes de privados y oscuros intérpretes, forman aquella tradición de opiniones que en una gran parte de Europa tienen todavía el nombre de leyes: y es cosa tan común cuanto funesta ver en nuestros días que una opinión de Carpzovius,[1] un uso antiguo señalado por Clarus,[2] un tormento sugerido con iracunda complacencia por Farinaccius,[3] sean las leyes obedecidas con seguridad y satisfacción de aquellos que para regir las vidas y fortunas de los hombres deberían obrar llenos de temor y desconfianza. Estas leyes, heces de los siglos más bárbaros, se han examinado en este libro por la parte que corresponde al sistema criminal, y cuyos desórdenes se intenta exponer a los directores de la felicidad pública con un estilo que espanta al vulgo no iluminado e impaciente. La ingenua averiguación de la verdad, la independencia de las opiniones vulgares con que se ha escrito esta obra es un efecto del suave e iluminado gobierno bajo el cual vive el autor. Los grandes monarcas y bienhechores de la humanidad que rigen, aman las verdades expuestas por los filósofos retirados con una sencillez vigorosa, opuesta al impulso fanático de aquellos que se prevalen de la fuerza o de la industria, rechazados por la razón, y los desórdenes presentes son, para quien bien examina todas las circunstancias, el zaherimiento de las edades pasadas, no de este siglo ni sus legisladores.

Cualquiera que quisiere honrarme con su crítica, empiece pues

---

[1] Carpzow, jurisconsulto alemán de principios del siglo XVII.

[2] Claro, jurisconsulto piamontés, muerto en 1575.

[3] Farinaccio, jurisconsulto cruel, muerto en Roma, su patria, en 1618. Dejó escritos trece volúmenes *in-folio*.

por conocer bien el fin a que se dirige esta obra: fin que conseguido, bien lejos de disminuir la legítima autoridad, serviría para aumentarla, si puede en los hombres más la razón que la fuerza, y si la dulzura y la humanidad la justifican a los ojos de todos. Las críticas mal entendidas que se han publicado contra este libro se fundan sobre confusas nociones,[4] y me obligan a interrumpir por un instante mis razonamientos a los sabios lectores, a fin de cerrar de una vez para siempre toda entrada a los errores de un tímido celo, o a las calumnias de la maligna envidia.

Tres son los manantiales de donde se derivan los principios morales y políticos reguladores de los hombres. La *Revelación*, la *ley natural* y los *pactos establecidos de la sociedad.* No hay comparación entre la primera y las otras con relación a su fin principal; pero son semejantes en que conducen todas para la felicidad de esta vida mortal. Considerar las relaciones de la última no es excluir las relaciones de las dos primeras; antes bien al modo que éstas, sin embargo de ser divinas e inmutables, fueron depravadas por mil modos en los entendimientos de los hombres, admitiendo éstos malamente religiones falsas y arbitrarias nociones de virtud y de vicio; así, parece necesario examinar separadamente de toda otra consideración lo que nazca de las puras convenciones humanas o expresas o supuestas por la necesidad y utilidad común: idea en que toda secta y todo sistema de moral debe necesariamente convenir; y será siempre laudable empresa la que contribuyese a reducir aun los hombres más incrédulos y porfiados, para que se conformen con los principios que los impelen a vivir en sociedad. Hay, pues, tres distintas clases de *vicio* y de *virtud*: *religiosa*, *natural* y *política.* Estas tres clases no deben jamás tener contradicción entre sí, pero no del mismo modo en todas las consecuencias y obligaciones que resultan de las otras. No todo lo que pide la *revelación* lo pide la *ley natural*, ni todo lo que ésta pide lo pide la pura *ley social*, siendo importantísimo separar lo que resulta de los pactos tácitos o expresos de los hombres; porque los límites de aquella fuerza son tales, que pueden ejercitarse legítimamente entre hombre y

---

[4] Véase, después del comentario de Voltaire, la respuesta a las notas y observaciones.

hombre, sin una especial misión del Ser Supremo. Así, pues, la idea de la virtud *política* puede sin defecto llamarse variable. La que resulta de la virtud *natural* sería siempre limpia y manifiesta si las pasiones o la flaqueza de los hombres no la oscureciesen; pero la que dimana de la virtud *religiosa* es siempre una y constante, porque revelada de Dios inmediatamente está conservada por Él mismo.

Sería, pues, un error atribuir a quien habla de convenciones *sociales* y de sus consecuencias, principios contrarios a la *ley natural* o a la *revelación*, porque no trata de éstas. Sería un error en quien, hablando del estado de *guerra* antes del estado de *sociedad*, lo tomase en el sentido *hobbesiano*, esto es, de ninguna razón ni obligación anterior; en vez de tomarlo por un hecho nacido de la corrupción de la naturaleza humana y de la falta de un establecimiento expreso. Sería un error imputar delito a un escritor que considera las emanaciones del *pacto social* no admitirlas antes del pacto mismo.

La Justicia *Divina* y la Justicia *natural* son por su esencia, inmutables y constantes; porque la relación entre dos mismos objetos es siempre la misma, pero la Justicia *humana*, o bien *política*, no siendo más que una relación entre la acción y el vario estado de la sociedad, puede variar a proporción que se haga necesaria o útil a la misma sociedad aquella acción; ni se discierne bien sino resolviendo las complicadas y mudables relaciones de las combinaciones civiles. Pero si estos principios, esencialmente distintos, se confundieren, no hay esperanza de raciocinar con fundamento en las materias públicas. A los teólogos pertenece establecer los confines de lo justo y de lo injusto en la parte que mira la intrínseca malicia o bondad del pacto; y al *publicista* determinar las relaciones de lo justo o injusto político; esto es, del daño o provecho de la sociedad. Ni un objeto puede perjudicar a otro porque es manifiesto cuanto la verdad, puramente política, debe ceder a la inmutable virtud dimanada de Dios.

Cualquiera, repito, que quisiere honrarme con su crítica, no empiece suponiendo en mí principios destructores de la virtud o de la religión; pues tengo demostrado no son tales los míos, y así, en lugar de concluirme incrédulo o sedicioso, convénzame de mal *lógico* o de imprudente *político*: no se amotine por las proposiciones que sostenga el interés de la humanidad: hágame ver la inutilidad o daño político que pueda nacer de mis principios y la ventaja de las prácticas recibidas. He dado un público testimonio de mi religión y de mi sumisión a mi soberano con la respuesta a las notas y observaciones: sería superfluo responder a otros escritos semejantes; pero quien escribiere con aquella decencia, que tanto conviene a hombres honestos, y con aquellos conocimientos que me dispensen de probar los primeros principios, de cualquiera clase que fueren, encontrará en mí no tanto un hombre que procura responder, cuanto un pacífico amante de la verdad.

TRATADO DE LOS DELITOS
Y DE LAS PENAS

INTRODUCCIÓN

Abandonan los hombres casi siempre las reglas más importantes a la prudencia de un momento o a la discreción de aquellos cuyo interés consiste en oponerse a las leyes más próvidas; y así como del establecimiento de éstas resultarían universales ventajas, resistiendo al esfuerzo por donde pudieran convertirse en beneficio de pocos, así de lo contrario resulta en unos todo el poder y la felicidad, y en otros toda la flaqueza y la miseria. Las verdades más palpables desaparecen fácilmente por su simplicidad, sin llegar a ser comprendidas de los entendimientos comunes. No acostumbran éstos a discurrir sobre los objetos: por tradición, no por examen, reciben de una vez todas las impresiones; de modo que sólo se mueven a reconocer y remediar el cúmulo de desórdenes que los oprime, cuando han pasado por medio de mil errores en las cosas más esenciales a la vida y a la libertad, y cuando se han cansado de sufrir males sinnúmero.

Las historias nos enseñan que debiendo ser las leyes pactos considerados de hombres libres, han sido pactos casuales de una necesidad pasajera: que debiendo ser dictadas por un desapasionado examinador de la naturaleza humana, han sido instrumento de las pasiones de pocos. *La felicidad mayor colocada en el mayor número* debiera ser el punto a cuyo centro se dirigiesen las acciones de la muchedumbre. Dichosas, pues, aquellas pocas naciones que sin esperar el tardo y alternativo movimiento de las combinaciones humanas, aceleraron con buenas leyes los pasos intermedios de un camino que guiase al bien, evitando de este modo que la extremidad de los males les forzase a ejecutarlo, y tengamos por digno de nuestro reconocimiento al filósofo, que desde lo oscuro y despreciado de su aposento tuvo valor para arrojar entre la muchedumbre las primeras simientes de las verdades útiles, por tanto tiempo infructuosas.[1]

---

[1] Hace alusión a J. J. Rousseau.

Conocemos ya las verdaderas relaciones entre el soberano y los súbditos, y las que tienen entre sí recíprocamente las naciones. El comercio animado a la vista de las verdades filosóficas, comunicadas por medio de la imprenta, ha encendido entre las mismas naciones una tácita guerra de industria, la más humana y más digna de hombres racionales. Éstos son los frutos que se cogen a la luz de este siglo, pero muy pocos han examinado y combatido la crueldad de las penas y la irregularidad de los procedimientos criminales, parte de legislación tan principal y tan descuidada en casi toda Europa. Poquísimos, subiendo a los principios generales, combatieron los errores acumulados de muchos siglos, sujetando a lo menos con aquella fuerza que tienen las verdades conocidas el demasiado libre ejercicio del poder mal dirigido, que tantos ejemplos de fría atrocidad nos presenta autorizados y repetidos. Y aun los gemidos de los infelices sacrificados a la cruel ignorancia y a la insensible indolencia; los bárbaros tormentos con pródiga e inútil severidad multiplicados por delitos, o no probados, o quiméricos; la suciedad y los horrores de una prisión, aumentados por el más cruel verdugo de los miserables, que es la incertidumbre de su suerte, debieran mover aquella clase de magistrados que guían las opiniones de los entendimientos humanos.

El inmortal presidente de Montesquieu ha pasado rápidamente sobre esta materia. La verdad indivisible me fuerza a seguir las trazas luminosas de este grande hombre; pero los ingenios contemplativos para quienes escribo sabrán distinguir mis pasos de los suyos. Dichoso yo, si pudiese como él, obtener las gracias secretas de los retirados pacíficos secuaces de la razón, y si pudiese inspirar aquella dulce conmoción con que las almas sensibles responden a quien sostiene los intereses de la humanidad.

Éste sería tal vez el momento de examinar y de distinguir las diferentes especies de delitos, como también el modo de castigarlos; pero la muchedumbre y la variedad de los crímenes, según las diferentes circunstancias de tiempos y lugares, nos echarían en un detalle inmenso y fatigante. Por consiguiente me contentaré con indicar los principios más generales, las faltas más comunes y errores más funestos, evitando igualmente los excesos de los que, por un amor mal entendido de la libertad, tratan de introducir la anarquía, como también los de aquellos que quisieran someter a los hombres a la regularidad de un claustro.

¿Pero cuál es el origen de las penas, y sobre qué está fundado el derecho de castigar?[2] ¿Cuáles pueden ser los castigos que convengan a los diferentes crímenes? ¿Es la pena de muerte verdaderamente útil, necesaria e indispensable para la seguridad y el buen orden de la sociedad? ¿Son justos los tormentos y las torturas? ¿Conducen al objeto que las leyes se proponen? ¿Cuáles son los mejores medios de impedir los delitos? ¿Son las mismas penas igualmente útiles en todos tiempos? ¿Cuál es su influencia sobre las costumbres?

Todos estos problemas merecen que se trate de resolverlos con aquella precisión geométrica que triunfa de los artificios de los sofismas, de las dudas tímidas y de la seducción de la elocuencia.

Me tendré por muy dichoso sólo con tener el mérito de haber presentado el primero a la Italia, de un modo más claro y extenso, lo que otras naciones se han atrevido a escribir[3] y empiezan a practicar.

Pero mientras sostengo los derechos del género humano y de la invencible verdad, si pudiese contribuir a salvar de una muerte horrenda algunas de las desgraciadas víctimas de la tiranía o de la ignorancia, que es igualmente funesta, las bendiciones y las lágrimas de un solo inocente, vuelto a las sensaciones de alegría y de felicidad, me consolarían del desprecio del resto de los hombres.

---

[2] Estas dos líneas han sido añadidas por el abate Morellet.

[3] Beccaria es demasiado modesto; no conozco nación alguna en la que antes que él, nadie se haya atrevido a escribir en favor del hombre expuesto a los falsos principios y a la atrocidad de los tribunales. En Inglaterra no han escrito, pero lo ponen en práctica. (*Nota de Brissot de Warville.*)

Capítulo Primero

ORIGEN DE LAS PENAS

Las leyes son las condiciones con que los hombres vagos e independientes se unieron en sociedad, cansados de vivir en un continuo estado de guerra, y de gozar una libertad que les era inútil en la incertidumbre de conservarla. Sacrificaron por eso una parte de ella para gozar la restante en segura tranquilidad. El complejo de todas estas porciones de libertad, sacrificadas al bien de cada uno, forma la soberanía de una nación, y el soberano es su administrador y legítimo depositario. Pero no bastaba formar este depósito, era necesario también defenderlo de las usurpaciones privadas de cada hombre en particular. Procuran todos no sólo quitar del depósito la porción propia, sino usurparse las ajenas. Para evitar estas usurpaciones se necesitaban *motivos sensibles* que fuesen bastantes a contener el ánimo despótico de cada hombre, cuando quisiere sumergir las leyes de la sociedad en su caos antiguo. Estos *motivos sensibles* son las penas establecidas contra los infractores de aquellas leyes. Llámolos *motivos sensibles*, porque la experiencia ha demostrado que la multitud no adopta principios estables de conducta, ni se aleja de aquella innata general disolución, que en el universo físico y moral se observa, sino con motivos que inmediatamente hieran en los sentidos, y que de continuo se presenten al entendimiento, para contrabalancear las fuertes impresiones de los ímpetus parciales que se oponen al bien universal, no habiendo tampoco bastado la elocuencia, las declamaciones y las verdades más sublimes a sujetar por mucho tiempo las pasiones excitadas con los sensibles incentivos de los objetos presentes.

CAPÍTULO II

DERECHO DE CASTIGAR

Toda pena (dice el gran Montesquieu) que no se deriva de la absoluta necesidad es tiránica: proposición que puede hacerse más general de esta manera. Todo acto de autoridad de hombre a hombre, que no se derive de la absoluta necesidad, es tiránico. Veis aquí la base sobre la que el soberano tiene fundado su derecho para castigar los delitos: sobre la necesidad de defender el depósito de la salud pública de las particulares usurpaciones; y tanto más justas son las penas, cuanto es más sagrada e inviolable la seguridad, y mayor la libertad que el soberano proporciona a sus súbditos. Consultemos el corazón humano, y encontraremos en él los principios fundamentales del verdadero derecho que tiene el soberano para castigar los delitos; porque no debe esperarse ventaja durable de la política moral, cuando no está fundada sobre máximas indelebles del hombre. Cualquier ley que se separe de éstas, encontrará siempre una resistencia opuesta que vence al fin; del mismo modo que una fuerza, aunque pequeña, siendo continuamente aplicada, vence cualquier violento impulso comunicado a un cuerpo.

Ningún hombre ha dado gratuitamente parte de su libertad propia con solo la mira del bien público: esta quimera no existe sino en las novelas. Cada uno de nosotros querría, si fuese posible, que no le ligasen los pactos que ligan a los otros (*a*). Cualquier hombre se hace centro de todas las combinaciones del globo.

La multiplicación del género humano, pequeña por sí misma, pero muy superior a los medios que la naturaleza estéril y abandonada ofrecía para satisfacer las necesidades, que se aumentaban cada vez más entre ellos, reunió a los primeros salvajes. Estas primeras uniones formaron necesariamente otras para resistirlas, y así el estado de guerra se transfirió del individuo a las naciones.

Fue, pues, la necesidad quien obligó a los hombres para ceder parte de su libertad propia; y es cierto que cada uno no quiere poner en el depósito público sino la porción más pequeña que sea posible, aquella sólo que baste a mover los hombres para que la defiendan. El agregado de todas estas pequeñas porciones de libertad posibles forma el derecho de castigar; todo lo demás es abuso y no justicia: es *hecho*, no *derecho*. Obsérvese que la palabra *derecho* no es contradictoria de la palabra *fuerza*; antes bien, aquélla es una modificación de ésta, cuya regla es la utilidad del mayor número. Y por justicia entiendo yo sólo el vínculo necesario para tener unidos los intereses particulares, sin el cual se reducirían al antiguo estado de insociabilidad. Todas las penas que pasan la necesidad de conservar este vínculo son injustas por su naturaleza. También es necesario precaverse de no fijar en esta palabra *justicia* la idea de alguna cosa real, como de una fuerza física o de un ser existente; es sólo una simple manera de concebir de los hombres: manera que influye infinitamente sobre la felicidad de cada uno. No entiendo tampoco por esta voz aquella diferente suerte de justicia que dimana de Dios y que tiene sus inmediatas relaciones con las penas y recompensas eternas.

CAPÍTULO III

CONSECUENCIAS

La primera consecuencia de estos principios es que sólo las leyes pueden decretar las penas de los delitos; y esta autoridad debe residir únicamente en el legislador, que representa toda la sociedad unida por el contrato social. Ningún magistrado (que es parte de ella) puede con justicia decretar a su voluntad penas contra otro individuo de la misma sociedad. Y como una pena extendida más allá del límite señalado por las leyes contiene en sí la pena justa, y otra más en la extensión; se sigue que ningún magistrado, bajo pretexto de celo o de bien público, puede aumentar la pena establecida contra un ciudadano delincuente.

La segunda consecuencia es que si todo miembro particular se halla ligado a la sociedad, está también con cada uno de ellos por un contrato, que de su naturaleza obliga a las dos partes. Esta obligación, que descendiendo desde el trono, llega hasta las más humildes chozas, y que liga igualmente a los hombres, desde el más grande al más miserable, sólo significa que el interés de todos está en la observación de los pactos útiles al mayor número. La violación de cualquiera de ellos empieza a autorizar la anarquía.[1] El soberano, que representa la misma sociedad, puede únicamente formar leyes generales que obliguen a todos los miembros, pero no juzgar cuando alguno haya violado el contrato social, porque entonces la nación se dividiría en dos partes: una representada por el soberano, que afirma la violación, y otra del acusado, que la niega (*b*). Es, pues, necesario que un tercero juzgue de la verdad del he-

---

[1] Esta voz *obligación* es una de aquéllas más frecuentes en la moral que en cualquier otra ciencia, y que son una expresión abreviada de un raciocinio y no de una idea. Busca una a la palabra *obligación* y no la encontrarás: haz un raciocinio; y entendiéndote tú mismo, serás entendido.

cho, y veis aquí la necesidad de un magistrado, cuyas sentencias sean inapelables y consistan en meras aserciones o negativas de hechos particulares.

La tercera consecuencia es que cuando se probase ser la atrocidad de las penas, si no inmediatamente opuesta al bien público y al fin mismo de impedir los delitos, a lo menos inútil; aun en este caso sería ella no sólo contraria a aquellas virtudes benéficas, que son efecto de una razón iluminada, y que prefiere mandar a hombres felices más que a una tropa de esclavos, en la cual se haga una perpetua circulación de temerosa crueldad, pero también a la justicia y a la naturaleza del mismo contrato social.

Capítulo IV
INTERPRETACIÓN DE LAS LEYES

Cuarta consecuencia. Tampoco la autoridad de interpretar las leyes penales puede residir en los jueces criminales por la misma razón que no son legisladores. Los jueces no han recibido de nuestros antiguos padres las leyes como una tradición y un testamento, que dejase a los venideros sólo el cuidado de obedecerlo: recíbenlas de la sociedad viviente, o del soberano su representador, como legítimo depositario en quien se hallan las actuales resultas de la voluntad de todos. Recíbenlas, no como obligaciones de un antiguo juramento; nulo, porque ligaba voluntades no existentes; inicuo, porque reducía a los hombres del estado de sociedad al estado de barbarie; sino como efectos de otro tácito o expreso, que las voluntades reunidas de los súbditos vivientes han hecho al soberano, como vínculos necesarios para sujetar o regir la fermentación interior de los intereses particulares. Ésta es la física y real autoridad de las leyes. ¿Quién será, pues, su legítimo intérprete? El soberano, esto es, el depositario de las actuales voluntades de todos, o el juez, cuyo oficio sólo sea examinar si tal hombre haya hecho o no una acción que les sea contraria.

En todo delito debe hacerse por el juez un silogismo perfecto. Pondrase como mayor la ley general; por menor la acción, conforme o no con la ley, de que se inferirá por consecuencia la libertad o la pena. Cuando el juez por fuerza o voluntad quiere hacer más de un silogismo, se abre la puerta a la incertidumbre.

No hay cosa tan peligrosa como aquel axioma común que propone por necesario consultar el espíritu de la ley. Es un dique roto al torrente de las opiniones. Esta verdad parece una paradoja a los entendimientos vulgares, en quienes tiene más fuerza un pequeño presente desorden, que las funestas, aunque remotas consecuencias, nacidas de un falso principio, radicado en una nación, la tengo por demostrada. Nuestros conocimientos y todas nuestras ideas tienen una recíproca conexión: cuanto más complicadas son, tanto mayor es el número de sendas que guían y salen de ellas. Cada hombre tiene su mira, y cada hombre la tiene diversa según los diferentes tiempos. El espíritu de la ley sería, pues, la resulta de la buena o mala lógica de un juez, de su buena o mala digestión: dependería de la violencia de sus pasiones, de la flaqueza del que sufre, de las relaciones que tuviese con el ofendido, y de todas aquellas pequeñas fuerzas que cambian las apariencias de los objetos en el ánimo fluctuante del hombre. ¿Cuántas veces vemos la suerte de un ciudadano trocarse en el paso que de su causa se hace a diversos tribunales; y ser las vidas de los miserables víctima de falsos raciocinios, o del actual fermento de los humores de un juez, que toma por legítima interpretación la vaga resulta de toda aquella confusa serie de nociones que le mueve la mente? ¿Cuántas veces vemos los mismos delitos diversamente castigados por los mismos tribunales en diversos tiempos, por haber consultado, no la constante y fija voz de la ley, sino la errante inestabilidad de las interpretaciones?

Un desorden que nace de la rigurosa y literal observancia de una ley penal no puede compararse con los desórdenes que nacen de la interpretación. Obliga este momentáneo inconveniente a practicar la fácil y necesaria corrección en las palabras de la ley, que son ocasión de la incertidumbre, impidiendo la fatal licencia de raciocinar, origen de las arbitrarias y venales alteraciones. Pero un códice fijo de leyes, que se deben observar a la letra, no deja más facultad al juez, que la de examinar y juzgar en las acciones de los ciudadanos si son o no conformes a la ley escrita. Cuando la regla de lo justo y de lo injusto, que debe dirigir las acciones, tanto del ciudadano ignorante, como del ciudadano filósofo, es un asunto de hecho y no de controversia; entonces los súbditos no están sujetos a las pequeñas tiranías de muchos, tanto más crueles, cuanto es menor la distancia entre el que sufre y el que hace sufrir: más fatales que las de uno solo, porque el despotismo de pocos no puede corregirse sino por el despotismo de uno; y la crueldad de un despótico es proporcionada con los estorbos, no con la fuerza. Así adquieren los ciudadanos aquella seguridad de sí mismos, que es justa, porque es el fin que buscan los hombres en la sociedad que es útil, porque los pone en el caso de calcular exactamente los inconvenientes de un mismo hecho. Es verdad que adquirirán un espíritu de independencia; mas no para sacudir el yugo de las leyes, ni oponerse a los superiores magistrados; sí, a aquellos que han osado dar el sagrado nombre de virtud a la flaqueza de ceder a sus interesadas y caprichosas opiniones. Estos principios desagradarán a los que establecen como derecho transferir a los inferiores las culpas de la tiranía recibidas de los superiores. Mucho tendría que temer si el espíritu de tiranía fuese compatible con el espíritu de lectura.

SUPLEMENTO AL CAPÍTULO IV

"Pretenden varios críticos que este capítulo anonada las leyes con esta máxima (que se halla al principio): *la autoridad de las leyes no está fundada en una supuesta obligación, etc.* Me hallo muy distante de abrazar esta opinión; y pienso, por el contrario, que no hay autoridad ninguna, ni ley, que pueda descansar en otro fundamento que el que les asigna el autor italiano; es decir, la voluntad, expresa o tácita de los ciudadanos. Si no fuera esto así, se seguiría que una sociedad que, al formarse, hubiera establecido leyes perjudiciales a la felicidad del mayor número, cuales, por ejemplo, las que dan a los depositarios del poder una autoridad muy extensa, no podría mudarlas nunca; y que establecidos una vez por las primeras convenciones, el despotismo y tiranía serían incontrastables para siempre. Esta consecuencia, que a la primera vista parece algo remota, está sin embargo muy próxima a la máxima de que la deducimos.

"Los hombres, en la época de las primeras sociedades, creyeron siempre que habían previsto todos los casos, obviado todos los inconvenientes, y dado las mejores leyes posibles. Con arreglo a esta idea, tan natural al hombre, no dejaron de declarar que semejantes leyes serían irrevocables para siempre; aun llegaron hasta el extremo de prohibir toda especie de examen de ellas, y de revocación, con mucha mayor razón. Muchos legisladores antiguos impusieron la pena de muerte a los que propusieran alterar sus leyes en la más leve cosa. Es conocida la acción de Licurgo, o patraña a lo menos que de él cuentan, y que prueba la mente general de todos los legisladores: hizo pues jurar a los espartanos, que en nada alterarían sus leyes, hasta la vuelta suya de un viaje que iba a hacer, decía, a Delfos; y se desterró voluntariamente en seguida, con la mira de poner a sus conciudadanos en la necesidad de no quebrantarle.

"El que quería proponer la innovación de una ley, había de presentarse en la asamblea del pueblo, con el cordel al cuello; y le ahorcaban inmediatamente, si se desechaba su propuesta. Todos los fundadores de órdenes religiosas tuvieron la misma manía de mirar como irrevocables sus leyes: tal es no solamente el estilo, sino también el espíritu de todas las cancelarias de las naciones civilizadas del mundo: *declaramos y ordenamos por el presente decreto perpetuo e irrevocable*... Y he aquí sin duda uno de los mayores obstáculos que se oponen a la perfección de las leyes en todas las sociedades civilizadas.

"Además, este obstáculo debe su fuerza y existencia a la máxima contraria a aquella cuya defensa tomamos aquí.

"¿Por qué miran y quieren que se miren como irrevocables las leyes que ellos establecen? ¿No es porque creen que su actual voluntad, autorizada con el presente consentimiento de los ciudadanos existentes, liga y obliga para siempre a todos los ciudadanos nacidos y por nacer? Si unos convenios hechos muchos siglos ha, ligan hasta aquellas voluntades que no existían, el más moderado examen de una ley podrá ser un delito digno del mayor castigo en una legislación; porque puede suponerse, y se ha realizado más de una vez la hipótesis; aunque sus ejemplos no se hallan presentes ahora a mi memoria, puede suponerse, repito, que al formarse las primeras leyes, se estipuló que sería castigado de muerte todo hombre que se atreviese a llamar cualquier ley a examen; y el castigo será justo, si las voluntades de los primeros ciudadanos, en el momento de formarse la sociedad, obligaron a todos sus descendientes hasta la consumación de los siglos.

"Con arreglo al crítico mismo a quien aquí respondemos, revestida una vez la ley con las formalidades prescritas, no obliga a todos los ciudadanos, nacidos y por nacer, más que hasta que la revoque otra acompañada de iguales requisitos. Concede pues que los actuales ciudadanos no pueden derogar una antigua ley, y mandar establecer otra nueva. Así, le pregunto, ¿cómo se conducirán los ciudadanos actualmente vivos para mandar hacer esta revocación? Será preciso que examinen, se quejen, representen y se reúnan. ¿Pero si se prohíben el examen, quejas, representaciones y reuniones?..." (*Nota inédita del abate Morellet*).

CAPÍTULO V

OSCURIDAD DE LAS LEYES

Si es un mal la interpretación de las leyes, es otro evidentemente la oscuridad que arrastra consigo necesariamente la interpretación, y aun lo será mayor cuando las leyes estén escritas en una lengua extraña para el pueblo, que lo ponga en la dependencia de algunos pocos, no pudiendo juzgar por sí mismo cuál será el éxito de su libertad o de sus miembros en una lengua que forma de un libro público y solemne uno cuasi privado y doméstico. ¿Qué debemos pensar de los hombres, sabiendo que en una buena parte de la culta e iluminada Europa es ésta costumbre inveterada? Cuanto mayor fuere el número de los que entendieren y tuvieren entre las manos el sacro códice de las leyes, tanto menos frecuentes serán los delitos; porque no hay duda que la ignorancia y la incertidumbre ayudan a la elocuencia de las pasiones.

Una consecuencia de estas últimas reflexiones es que sin leyes escritas no tomará jamás una sociedad forma fija de gobierno, en donde la fuerza sea un efecto del todo y no de las partes; en donde las leyes inalterables, sin la general voluntad, no se corrompan pasando por el tropel de los intereses particulares. La experiencia y la razón han demostrado que la probabilidad y certeza de las tradiciones humanas se disminuyen a medida que se apartan de su origen. ¿Pues cómo resistirán las leyes a la fuerza inevitable del tiempo, de las pasiones, si no existe un estable monumento del pacto social?

En esto se echa de ver qué utilidades ha producido la imprenta, haciendo depositario de las santas leyes, no a algunos particulares, sino al público; y disipando aquel espíritu de astucia y de trama que desaparece a la luz de las ciencias, en apariencia despreciadas, y en realidad temidas de sus secuaces. Ésta es la ocasión por que vemos disminuida en Europa la atrocidad de los delitos, que hacían temer a nuestros antiguos, los cuales eran a un tiempo tiranos y esclavos. Quien conoce la historia de dos o tres siglos a esta parte, y la nuestra, podrá ver cómo del seno del lujo y de la delicadeza nacieron las más dulces virtudes: humanidad, beneficencia y tolerancia de los errores humanos. Verá cuales fueron los efectos de aquella que erradamente llamaron antigua simplicidad y buena fe: la humanidad gimiendo bajo la implacable superstición; la avaricia y la ambición de pocos tiñeron con sangre humana los depósitos de oro y los tronos de los reyes. Las traiciones ocultas, los estragos públicos, cada noble hecho un tirano de la plebe, los ministros de la verdad evangélica manchando con sangre las manos que todos los días tocaban el Dios de mansedumbre, no son obras de este siglo iluminado, que algunos llaman corrompido.

CAPÍTULO VI

PROPORCIÓN ENTRE LOS DELITOS Y LAS PENAS

No sólo es interés común que no se cometan delitos, pero aun lo es que sean menos frecuentes, a proporción del daño que causan en la sociedad. Así, pues, más fuertes deben ser los motivos que retraigan a los hombres de los delitos, a medida que son contrarios al bien público, y a medida de los estímulos que los inducen a cometerlos. Debe por esto haber una proporción entre los delitos y las penas.

Es imposible prevenir todos los desórdenes en el combate universal de las pasiones humanas. Crecen éstas en razón compuesta de la población y de la trabazón de los intereses particulares, de tal suerte que no pueden dirigirse geométricamente a la pública utilidad. Es necesario en la aritmética política sustituir el cálculo de la probabilidad a la exactitud matemática. Vuélvanse los ojos sobre la historia, y se verán crecer los desórdenes con los confines de los imperios; y menoscabándose en la misma proporción la máxima nacional, se aumenta el impulso hacia los delitos, conforme al interés que cada uno toma en los mismos desórdenes: así la necesidad de agravar las penas se dilata cada vez más por este motivo.

Aquella fuerza, semejante a un cuerpo grave que oprime a nuestro bienestar, no se detiene sino a medida de los estorbos que le son opuestos. Los efectos de esta fuerza son la confusa serie de las acciones humanas: si éstas se encuentran y recíprocamente se ofenden, las penas, que yo llamaré *estorbos políticos*, impiden el mal efecto sin destruir la causa impelente, que es la sensibilidad misma, inseparable del hombre; y el legislador hace como el hábil arquitecto, cuyo oficio es oponerse a las direcciones ruinosas de la gravedad y mantener las que contribuyen a la fuerza del edificio.

Supuesta la necesidad de la reunión de los hombres, y los pactos que necesariamente resultan de la oposición misma de los intereses privados, encontramos una escala de desórdenes, cuyo primer grado consiste en aquellos que destruyen inmediatamente la sociedad y el último en la más pequeña injusticia posible cometida contra los miembros particulares de ella. Entre estos extremos están comprendidas todas las acciones opuestas al bien público, que se llaman delitos, y todas van aminorándose por grados insensibles desde el mayor al más pequeño (*c*). Si la geometría fuese adaptable a las infinitas y oscuras combinaciones de las acciones humanas, debería haber una escala correspondiente de penas, en que se graduasen desde la mayor hasta la menos dura; pero bastará al sabio legislador señalar los puntos principales, sin turbar el orden, no decretando contra los delitos del primer grado las penas del último (*d*). Y en caso de haber una exacta y universal escala de las penas y de los delitos, tendríamos una común y probable medida de los grados de tiranía y de libertad, y del fondo de humanidad o de malicia de todas las naciones.

Cualquier acción no comprendida entre los límites señalados no puede ser llamada *delito* o castigada como tal, sino por aquellos que encuentran su interés en darle este nombre. La incertidumbre de estos límites ha producido en las naciones una moral que contradice a la legislación; muchas actuales legislaciones, que se excluyen recíprocamente; una multitud de leyes que exponen al hombre de bien a las penas más rigurosas ha hecho vagos y fluctuantes los nombres de *vicio* y de *virtud*; ha hecho nacer la incertidumbre de la propia existencia, que produce el letargo y el sueño fatal en los cuerpos políticos. Cualquiera que leyere con desinterés filosófico los códices de las naciones y sus anales, encontrará casi siempre cambiarse los nombres de *vicio* y de *virtud*, de buen *ciudadano* o de *reo*, con las revoluciones de los siglos, no en razón de las mutaciones que acaecen en las circunstancias de los países, y por consecuencia siempre conformes al interés común, sino en razón de las pasiones y de los errores de que sucesivamente fueron movidos los legisladores. Verá muchas veces que las pasiones de un siglo son la base de la moral de los siglos que le siguen: que las pasiones fuertes, hijas del fanatismo y del entusiasmo, debilitadas y carcomidas (por decirlo así) del tiempo, que reduce todos los fenómenos físicos y morales a la igualdad, vienen poco a poco a ser la prudencia del siglo, y el instrumento útil en manos del fuerte y del prudente. De este modo nacieron las oscurísimas nociones de honor y de virtud, y son tales, porque se cambian con las revoluciones del tiempo, que hace sobrevivir los nombres a las cosas: se cambian con los ríos y con las montañas, que son casi siempre los confines, no sólo de la geografía física, sino también de la moral.

Si el placer y el dolor son los motores de los entes sensibles: si entre los motivos que impelen los hombres aun a las más sublimes operaciones fueron destinados por el invisible Legislador el premio y la pena; de la no exacta distribución de éstas nacerá aquella contradicción (tanto menos observada, cuanto más común) que las penas castiguen los delitos de que han sido causa. Si se destina una pena igual a dos delitos, que ofenden desigualmente la sociedad, los hombres no encontrarán un estorbo muy fuerte para cometer el mayor, cuando hallen en él unida mayor ventaja.

Capítulo VII

ERRORES EN LA GRADUACIÓN DE LAS PENAS

Las reflexiones precedentes me conceden el derecho de afirmar que la verdadera medida de los delitos es el daño hecho a la sociedad, y por esto han errado los que creyeron serlo la intención del que los comete. Ésta depende de la impresión actual de los objetos y de la interior disposición de la mente, que varían en todos los hombres, y en cada uno de ellos con la velocísima sucesión de las ideas, de las pasiones y de las circunstancias. Sería, pues, necesario formar, no un solo códice particular para cada ciudadano, sino una nueva ley para cada delito. Alguna vez los hombres con la mejor intención causan el mayor mal en la sociedad, y algunas otras con la más mala hacen el mayor bien.

Otros miden los delitos más por la dignidad de la persona ofendida, que por su importancia respecto del bien público. Si ésta fuese la verdadera medida, una irreverencia contra el supremo Ser debería castigarse más atrozmente que el asesinato de un monarca; siendo la diferencia de la ofensa de una recompensa infinita por la superioridad de la naturaleza.

Finalmente, algunos pensaron que la gravedad del pecado se considerase en la graduación de los delitos. El engaño de esta opinión se descubriría a los ojos de un indiferente examinador de las verdaderas relaciones entre hombres y hombres, y entre los hombres y Dios. Las primeras son relaciones de igualdad. La necesidad sola ha hecho nacer el choque de las pasiones y de la oposición de los intereses la idea de la *utilidad común*, que es la base de la justicia humana. Las segundas son relaciones de dependencia de un Ser perfecto y Creador, que se ha reservado a sí solo el derecho de ser a un mismo tiempo Legislador y Juez, porque él solo puede serlo sin inconveniente. Si ha establecido penas eternas contra el que desobedece a su Omnipotencia, ¿quién será el necio que osará suplir por la Divina Justicia, que querrá vindicar un Ser, que se basta a sí mismo, que no puede recibir de los objetos impresión alguna de placer o de dolor; y que sólo entre todos los seres obra sin relación? La gravedad del pecado depende de la impenetrable malicia del corazón. Ésta no puede sin revelación saberse por unos seres limitados, ¿cómo, pues, se la tomará por norma para castigar los delitos? Podrán los hombres en este caso castigar cuando Dios perdona, y perdonar cuando castiga. Si ellos son capaces de contradecir al Omnipotente con la ofensa pueden también contradecirle con el castigo (*e*).

CAPÍTULO VIII

DIVISIÓN DE LOS DELITOS

Hemos visto que el *daño hecho a la sociedad* es la verdadera medida de los delitos. Verdad palpable como otras, y que no necesita para ser descubierta cuadrantes ni telescopios, pues se presenta a primera vista de cualquier mediano entendimiento; pero que por una maravillosa combinación de circunstancias no ha sido conocida con seguridad cierta, sino de algunos pocos hombres contemplativos de cada nación y de cada siglo. Las opiniones asiáticas y las pasiones vestidas de autoridad y de poder han disipado (muchas veces por insensibles impulsos, y algunas por violentas impresiones sobre la tímida credulidad de los hombres) las simples nociones, que acaso formaban la primera filosofía de la sociedad en sus principios, a la cual parece que nos revoca la luz de este siglo con aquella mayor fuerza que puede suministrar un examen geométrico de mil funestas experiencias y de los mismos impedimentos. El orden proponía examinar y distinguir aquí todas las diferentes clases de delitos y el modo de castigarlos; pero la variable naturaleza de ellos, por las diversas circunstancias de siglos y lugares, nos haría formar un plan inmenso y desagradable. Bastáranos, pues, indicar los principios más generales y los errores más funestos y comunes para desengañar así los que por un mal entendido amor de libertad querían introducir la anarquía, como los que desearían reducir los hombres a una regularidad claustral.

Algunos delitos destruyen inmediatamente la sociedad o quien la representa; otros ofenden la particular seguridad de alguno o algunos ciudadanos en la vida, en los bienes o en el honor, y otros son acciones contrarias a lo que cada uno está obligado de hacer o no hacer, según las leyes respecto del bien público. Los primeros, que por más dañosos son los delitos mayores, se llaman de *lesa Majestad.* La tiranía y la ignorancia solas, que confunden los vocablos y las ideas más claras, pueden dar este nombre, y por consecuencia la pena mayor a delitos de diferente naturaleza, y hacer así a los hombres, como en otras infinitas ocasiones, víctimas de una palabra. Cualquier delito aunque privado ofende la sociedad, pero no todo delito procura su inmediata destrucción. Las acciones morales, como las físicas, tienen su esfera limitada de actividad, y están determinadas diversamente en el tiempo y en el lugar como todos los movimientos de naturaleza; sólo la interpretación sofística, que es ordinariamente la filosofía de la esclavitud, puede confundir lo que la eterna Verdad distinguió con relaciones inmutables.

Síguense después de éstos los delitos contrarios a la seguridad de cada particular. Siendo éste el fin primario de toda sociedad legítima, no puede dejar de señalarse alguna de las penas más considerables, establecidas por las leyes a la violación del derecho de seguridad adquirido por cada ciudadano.

La opinión que cualquiera de éstos debe tener de poder hacer todo aquello que no es contrario a las leyes, sin temer otro inconveniente que el que puede nacer de la acción misma, debería ser el dogma político creído de los pueblos, y predicado por los magistrados con la incorrupta observancia de las leyes. Dogma sagrado, sin el cual no puede haber legítima sociedad; recompensa justa de la acción universal que sacrificaron los hombres, y que siendo común sobre todas las cosas a cualquiera ser sensible, se limita sólo por las fuerzas propias. Dogma que forma las almas libres y vigorosas, y los entendimientos despejados que hace a los hombres virtuosos con aquel género de virtud que sabe resistir al temor, no con aquella abatida prudencia, digna sólo de quien puede sufrir una existencia precaria e incierta. Los atentados, pues, contra la seguridad y libertad de los ciudadanos son uno de los mayores delitos, y bajo esta clase se comprenden no sólo los asesinatos y hurtos de los hombres plebeyos, sino aun los cometidos por los grandes y magistrados, cuya influencia se extiende a una mayor distancia, y con mayor vigor, destruyendo en los súbditos las ideas de justicia y obligación, y sustituyendo en lugar de la primera el derecho del más fuerte, en que peligran finalmente con igualdad el que lo ejercita y el que lo sufre.

Capítulo IX

DEL HONOR

Hay una contradicción notable entre las leyes civiles, celosas guardas sobre toda otra cosa del cuerpo y bienes de cada ciudadano, y las leyes de lo que se llama *honor*, que prefiere la opinión. Esta palabra *honor* es una de aquellas que ha servido de base a dilatados y brillantes razonamientos sin fijarle alguna significación estable y permanente. ¡Condición miserable de los entendimientos humanos tener presentes con más distinto conocimiento las separadas y menos importantes ideas de las revoluciones de los cuerpos celestes que las importantísimas nociones morales, fluctuantes siempre, y siempre confusas, según que las impelen los vientos de las pasiones, y que la ciega ignorancia las recibe y las entrega! Pero desaparecerá esta paradoja si se considera que como los objetos muy inmediatos a los ojos se confunden (*f*), así la mucha inmediación de las ideas morales hace que fácilmente se mezclen y revuelvan las infinitas ideas simples que las componen, y confundan las líneas de separación necesarias al espíritu geométrico que quiere medir los fenómenos de la sensibilidad humana. Y se disminuirá del todo la admiración del indiferente indagador de las cosas humanas que juzgare no ser por acaso necesario tanto aparato de moral, ni tantas ligaduras para hacer a los hombres felices y seguros.

Este *honor*, pues, es una de aquellas ideas complejas, que son un agregado, no sólo de ideas simples, sino de ideas igualmente complicadas, que en el vario modo de presentarse a la mente ya admiten y ya excluyen algunos diferentes elementos que las componen, sin conservar más que algunas pocas ideas comunes, como muchas cantidades complejas algebraicas admiten un común *partidor*. Para encontrar este común *partidor* en las varias ideas que los hombres se forman del *honor* es necesario echar rápidamente una mirada sobre la formación de las sociedades (*g*). Las primeras leyes y los primeros magistrados nacieron de la necesidad de reparar los desórdenes del despotismo físico de cada hombre: éste fue el fin principal de la sociedad, y este fin primario se ha conservado siempre realmente o en apariencia a la cabeza de todos los códices, aun de los que le destruyen; pero la inmediación de los hombres y el progreso de sus conocimientos han hecho nacer una infinita serie de acciones y necesidades recíprocas de los unos para los otros, siempre superiores a la providencia de las leyes, e inferiores al actual poder de cada uno. Desde esta época comenzó el despotismo de la opinión, que era el único medio de obtener de los otros aquellos *bienes*, y separar de sí los males a que no era suficiente la misma providencia de las leyes. Y la opinión es la que atormenta al sabio y al ignorante, la que ha dado crédito a la apariencia de la virtud más allá de la virtud misma; la que hace parecer misionero aun al más malvado porque encuentra en ello su propio interés. Hiciéronse por esto los sufragios de los hombres no sólo útiles, sino aun necesarios para no quedar por debajo del nivel común. Por esto, si el ambicioso los conquista como útiles, si el vano va mendigándolos como testimonios del propio mérito, se ve al hombre honesto procurarlos como necesarios. Este *honor* es una condición que muchísimos incluyen en la existencia propia. Nacido después de la formación de la sociedad no pudo ser puesto en el depósito común, antes es una instantánea vuelta al estado natural, y una sustracción momentánea de la propia persona para con las leyes, que en aquel caso no defienden suficientemente a un ciudadano.

Por esto, en el estado de libertad, extrema política, y en el de extrema dependencia desaparecen las ideas del honor, o se confunden perfectamente con otras; porque en el primero el despotismo de las leyes hace inútil la solicitud de los sufragios de otros; en el segundo, porque el despotismo de los hombres, anulando la existencia civil, los reduce a una personalidad precaria y momentánea. El honor es, pues, uno de los principios fundamentales de aquella monarquía, que son un despotismo disminuido; y en ellas lo que las revoluciones en los estados despóticos, un momento de retrotracción al estado de la naturaleza, y un recuerdo al Señor de la igualdad antigua.

Capítulo X

DE LOS DUELOS

La necesidad de los sufragios de los otros hizo nacer los duelos privados, que tuvieron luego su origen en la anarquía de las leyes. Se pretende que fueron desconocidos en la antigüedad, acaso porque los antiguos no se juntaban sospechosamente armados en los templos, en los teatros y con los amigos; acaso porque el duelo era un espectáculo ordinario y común que los gladiadores esclavos y envilecidos daban al pueblo, y los hombres libres se desdeñaban de ser creídos y llamados gladiadores con los particulares desafíos. En vano los decretos de muerte contra cualquiera que acepta el duelo han procurado extirpar esta costumbre, que tiene su fundamento en aquello que algunos hombres temen más que la muerte; porque el hombre de honor, privándolo de los sufragios de los otros, se prevé expuesto a una vida meramente solitaria, estado insufrible para un hombre sociable; o bien a ser el blanco de los insultos y de la infamia, que con su repetida acción exceden al peligro de la pena. ¿Por qué motivo el vulgo no tiene por lo común desafíos como la nobleza? No sólo porque está desarmado, sino también porque la necesidad de los sufragios es menos común en la plebe que en los nobles, que estando en lugar más elevado se miran con mayores celos y sospechas.

No es inútil repetir lo que otros han escrito; esto es, que el mejor método de precaver este delito es castigar al agresor, entiéndese el que ha dado la ocasión para el duelo; declarando inocente al que sin culpa suya se vio precisado a defender lo que las leyes actuales no aseguran, que es la opinión, mostrando a sus ciudadanos que él teme sólo a las leyes, no a los hombres (*b*).

Capítulo XI

DE LA TRANQUILIDAD PÚBLICA

Finalmente entre los delitos de la tercera especie se cuentan particularmente los que turban la tranquilidad pública y la quietud de los ciudadanos, como los estrépitos y huelgas en los caminos públicos destinados al comercio y paso de los ciudadanos: los sermones fanáticos que excitan las pasiones fáciles de la curiosa muchedumbre, que toman fuerza con la frecuencia de los oyentes, y más del entusiasmo oscuro y misterioso que de la razón clara y tranquila, pues ésta nunca obra sobre una gran masa de hombres.

La noche iluminada a expensas públicas, las guardias distribuidas en diferentes cuarteles de la ciudad, los morales y simples discursos de la religión, reservados al silencio y a la sagrada tranquilidad de los templos, protegidos de la autoridad pública, las arengas o informes destinados a sostener los intereses públicos o privados en las juntas de la nación, ya sea en los tribunales, ya en donde resida la majestad del soberano; son los medios eficaces para prevenir la peligrosa fermentación de las pasiones populares. Éstos forman un ramo principal, de que debe cuidar la vigilancia del magistrado, que los franceses llaman de la *Policía*; pero si este magistrado obrase con leyes arbitrarias y no establecidas de un códice que gire entre las manos de todos los ciudadanos, se abre una puerta a la tiranía, que siempre rodea los confines de la libertad política. Yo no encuentro excepción alguna en este axioma general. Cada ciudadano debe saber cuando es reo, y cuando es inocente. Si los censores o magistrados arbitrarios son por lo común necesarios en cualquier gobierno, nace esto de la flaqueza de su constitución, y no de la naturaleza de uno bien organizado. La incertidumbre de la propia suerte ha sacrificado más víctimas a la oscura tiranía que la crueldad pública y solemne. Amotina más que envilece los ánimos. El verdadero tirano empieza siempre reinando sobre la opinión, porque ésta se apodera del esfuerzo, que sólo puede resplandecer en la clara luz de la verdad, o en el fuego de las pasiones, o en la ignorancia del peligro.

Capítulo XII

FIN DE LAS PENAS

Consideradas simplemente las verdades hasta aquí expuestas, se convence con evidencia, que el fin de las penas no es atormentar y afligir un ente sensible, ni deshacer un delito ya cometido. ¿Se podrá en un cuerpo político, que bien lejos de obrar con pasión, es el tranquilo moderador de las pasiones particulares; se podrá, repito, abrigar esta crueldad inútil, instrumento del furor y del fanatismo o de los flacos tiranos? ¿Los alaridos de un infeliz revocan acaso del tiempo, que no vuelve, las acciones ya consumadas? El fin, pues, no es otro que impedir al reo causar nuevos daños a sus ciudadanos, y retraer a los demás de la comisión de otros iguales. Luego deberán ser escogidas aquellas penas y aquel método de imponerlas, que guardada la proporción hagan una impresión más eficaz y más durable sobre los ánimos de los hombres y la menos dolorosa sobre el cuerpo del reo.

CAPÍTULO XIII

DE LOS TESTIGOS

Es un punto considerable en toda buena legislación determinar exactamente la creencia de los testigos y pruebas del reato. Cualquier hombre racional, esto es, que tenga una cierta conexión en sus propias ideas, y cuyas sensaciones sean conformes a las de los otros hombres, puede ser testigo. La verdadera graduación de su fe es sólo el interés que tiene de decir o no decir la verdad. Por esto aparece frívolo el motivo de la flaqueza en las mujeres; pueril la aplicación de los efectos de la muerte real a la civil en los proscritos, e incoherente la nota de infamia en los infames (*i*) cuando no tienen en mentir interés alguno (*j*). La creencia, pues, debe disminuirse en proporción del odio o de la amistad, o de las estrechas relaciones que median entre el testigo y el reo. Siempre es necesario más de un testigo, porque en tanto que uno afirma y otro niega no hay nada cierto, y prevalece el derecho que cada cual tiene de ser creído inocente (*k*). La fe de un testigo viene a ser tanto menor sensible cuanto más crece la atrocidad de un delito,[2]

---

[2] Entre los criminalistas la creencia de un testigo es tanto mayor cuanto es más atroz el delito. Veis aquí el axioma férreo, dictado por la flaqueza más cruel: *In atrocissimis leviores conjecturæ sufficiunt, et licet Judici jura transgredi.* Traduzcámoslo en vulgar, y vean los europeos una de muchísimas igualmente racionales máximas, a que casi sin saberlo están sujetos. "En los más atroces delitos, esto es, en los menos probables, bastan las más ligeras conjeturas, y es lícito al juez pasar por encima de lo prevenido por derecho". Los absurdos prácticos de la legislación por lo común producidos del temor, manantial principal de las contradicciones humanas. Atemorizados los legisladores (tales son los jurisconsultos, autorizados por la muerte para decidir de todo, llegando a ser de escritores interesados y venales, árbitros y legisladores de las fortunas de los hombres) por la condenación de cualquier inocente, cargan la jurisprudencia de inútiles formalidades y excepciones, cuya exacta observancia haría sentar la anárquica impunidad sobre el trono de la justicia. Atemorizados por algunos delitos atroces y difíciles de probar, se creyeron en necesidad de pasar por encima de las mismas

o lo inverosímil de las circunstancias: tales son, por ejemplo, la magia y las acciones crueles sin utilidad del que las hace. Es más probable que mientan muchos hombres en la primera acusación, porque es más fácil que se combinen en muchos, o la ilusión de la ignorancia, o el odio perseguidor, que no lo es el que un hombre ejercite tal potestad, que Dios, o no ha dado, o ha quitado a toda criatura. Igualmente en la segunda, porque el hombre no es cruel sino a proporción del interés propio del odio o del temor que concibe. No hay en el hombre propiamente algún principio superfluo: siempre es proporcionado a la resulta de las impresiones hechas sobre los sentidos. Igualmente la fe de un testigo puede disminuirse tal vez, cuando éste fuere miembro de alguna sociedad, cuyos usos y máximas sean o no bien conocidas, o diversas de las públicas. Semejante hombre no sólo tiene sus pasiones propias, tiene también las de los otros.

Finalmente es casi ninguna la creencia que debe darse a un testigo cuando el delito que se averigua consiste en palabras, porque el tono, el gesto, todo lo que precede y lo que sigue, las diferentes ideas que los hombres dan a las mismas palabras, las alteran y modifican de tal manera que casi es imposible repetir tales precisamente cuales fueron dichas. Además de esto, las acciones violentas y fuera del uso ordinario, como son los delitos verdaderos, dejan señales de sí en la muchedumbre de las circunstancias y en los efectos que de ellas resultan; pero las palabras no permanecen más que en la memoria, por lo común infiel, y muchas veces seducida de los oyentes. Es, pues, sin comparación, más fácil una calumnia sobre las palabras que sobre las acciones de un hombre, porque en éstas, cuanto mayor número de circunstancias se traen para prueba, tanto mayores medios se suministran al reo para justificarse (*l*).

---

formalidades que habían establecido; y así ya con despótica impaciencia, y ya con un miedo mujeril transformaron los juicios graves en una especie de juego, en que el acaso y los rodeos hacen la principal figura.

CAPÍTULO XIV

INDICIOS Y FORMAS DE JUICIOS

Hay un teorema general muy útil para calcular la certidumbre de un hecho, por ejemplo, la fuerza de los indicios de un reato. Cuando las pruebas del hecho son dependientes la una de la otra, esto es, cuando los indicios no se prueban sino entre sí mismos; cuanto mayores pruebas se traen, tanto menos es la probabilidad de él; porque los accidentes que harían faltar las pruebas antecedentes hacen faltar las consiguientes. Cuando las pruebas del hecho dependen todas igualmente de una sola, el número de ellas no aumenta ni disminuye la probabilidad de él, porque todo su valor se resuelve con el valor de aquella sola de quien dependen. Cuando las pruebas son independientes la una de la otra, esto es, cuando los indicios se prueban de otra parte, no de sí mismos; cuanto mayores pruebas se traen, tanto más crece la probabilidad del hecho, porque la falacia de una prueba no influye sobre la otra. Hablo de probabilidad en materia de delitos que para merecer pena deben ser ciertos. Ésta, que parece paradoja, desaparecerá al que considere que rigurosamente la certeza moral no es más que una probabilidad; pero probabilidad tal, que se llama certeza, porque todo hombre de buen sentido consiente en ello necesariamente por una costumbre nacida de la precisión de obrar, y anterior a toda especulación. La certeza que se requiere para asegurar a un hombre reo es, pues, aquella que determina a cualesquiera en las operaciones más importantes de la vida. Pueden distinguirse las pruebas de un reato en perfectas e imperfectas. Llámanse perfectas las que excluyen la posibilidad de que un tal hombre no sea reo; e imperfectas las que no la excluyen. De las primeras una sola aun es suficiente para la condenación; de las segundas son necesarias tantas, cuantas basten a formar una perfecta; vale tanto como decir, si por cada una de éstas en particular es posible que no sea reo, por la reunión de todas en un mismo sujeto es imposible que no lo sea. Nótese que las pruebas imperfectas de que el reo puede justificarse, y no lo hace, según está obligado, se hacen perfectas. Pero esta certeza moral de pruebas es más fácil conocerla que exactamente definirla. De aquí es que tengo por mejor aquella ley que establece asesores al juez principal, sacados por suerte, no por encogimiento, porque en este caso es más segura la ignorancia que juzga por dictamen que la ciencia que juzga por opinión. Donde las leyes son claras y precisas, el oficio de juez no consiste más que en asegurar un hecho. Si en buscar las pruebas de un delito se requiere habilidad y destreza; si en el presentar lo que de él resulta es necesario claridad y precisión; para juzgar de lo mismo que resulta no se requiere más que un simple y ordinario buen sentido, menos falaz que el saber de un juez acostumbrado a querer encontrar reos, y que todo lo reduce a un sistema de antojo recibido de sus estudios. ¡Dichosa aquella nación donde las leyes no se tratasen como ciencia! Utilísima es la que ordena que cada hombre sea juzgado por sus iguales; porque donde se trata de la libertad y de la fortuna de un ciudadano deben callar aquellas máximas que inspira la desigualdad, sin que tenga lugar en el juicio la superioridad con que el hombre afortunado mira al infeliz, y el desagrado con que el infeliz mira al superior. Pero cuando el delito sea ofensa de un tercero, entonces los jueces deberían ser mitad iguales del reo y mitad del ofendido, así balanceándose todo interés, que modifica aun involuntariamente las apariencias de los objetos, hablan sólo las leyes y la verdad. Es también conforme a la justicia que el reo pueda excluir hasta un cierto número de aquellos que le son sospechosos, y que esto le sea concedido sin contradicción; parecerá entonces que el reo se condena a sí mismo. Sean públicos los juicios, y públicas las pruebas del reato, para que la opinión, que acaso es el solo cimiento de la sociedad, imponga un freno a la fuerza y a las pasiones, para que el pueblo diga: nosotros no somos esclavos, sino defendidos; dictamen que inspira esfuerzo, y que equivale a un tributo para el soberano, que entiende sus verdaderos intereses. No añadiré otros requisitos y cautelas que piden semejantes instituciones. Nada había dicho si fuese necesario decirlo todo.

SUPLEMENTO AL CAPÍTULO XIV

DE LAS COMISIONES

Hallándose Francisco I en Marcoussi delante del sepulcro de Montagu, decapitado en el reinado de Carlos VI, se le escapó decir que era lástima que semejante hombre hubiese muerto *por justicia.* Un fraile que estaba presente le respondió: "Señor, no fue condenado por la justicia, sino *por los comisionados*".

"El príncipe que sustituye jueces forzosos a los órganos ordinarios de la ley, anuncia designios de satisfacer venganza, y la única diferencia que puede concebirse entre los comisionados reales y los asesinos es que los primeros se encargan de imponer la pena de muerte, haciéndola preceder de la ceremonia de una sentencia, y que los últimos la dan por sí mismos e inmediatamente.

"Bajo cualquier aspecto que se presenten los tribunales de exención, déseles el nombre que quieran, y establézcanse con cualquier pretexto, debemos mirarlos como tribunales de sangre."

No se espere de estos tribunales piedad, humanidad, ni idea de justicia, y ni aun se tenga confianza en la conducta que han podido observar hasta allí los sujetos que le componen; todo hombre que tiene la bajeza de aceptar una comisión, que le pondrá en el caso de castigar unas acciones que no son delitos sino porque desagradan a un déspota o facción, hace el sacrificio de su honor y es ministro de la injusticia desde aquel día.

No es sino mucha verdad, que los príncipes y facciones hallan asesinos, luego que los quieren. Como hallan jueces, cuando hay necesidad de revestir con ciertas formalidades la venganza cuya ejecución está acordada.

Es una regla también que cuando los príncipes o facciones quieren suplicios, crean comisiones especiales, nombran a verdugos por jueces y tienen la certeza de que todo sujeto o magistrado que acepte tan infame mandato, se hará digno de él y merecerá un honorario.

"Pero un tirano se sirve de los jueces extraordinarios como de serviles instrumentos a los que retira luego que no los necesita. Sus inicuas sentencias han irritado los ánimos, y si conserva el príncipe algunas reliquias de pudor, no puede excusarse en lo sucesivo más que achacando sus propios excesos a los comisionados.

"Si alguno de estos jueces de iniquidad se ha escapado de la justa venganza que los persigue, contémplese una ignominiosa existencia; véaselos desechados y vilipendiados; pregúntese uno en su interior si no le espanta el suplicio de tales jueces.

"Dirannos ellos que han cumplido con sus obligaciones; que la ley se las imponía con todo vigor; que las circunstancias...

"Pero óigase la voz mucho más poderosa de la patria y humanidad que les responde: 'Os hicisteis reos desde el momento en que consentisteis en ser ministros de un poder destructivo, agentes de un partido que quería exterminar cuanto le era contrario, y órganos de una ley de sangre, que no os daba más tarea que la de sacrificar a unas inocentes víctimas o castigar unas opiniones que no eran las vuestras'." (Berenguer, *De la justicia criminal en Francia*, tít. I, cap. II.)

CAPÍTULO XV

ACUSACIONES SECRETAS

Evidentes, pero consagrados desórdenes son las acusaciones secretas, y en muchas naciones admitidos como necesarios por la flaqueza de la Constitución. Semejante costumbre hace a los hombres falsos y dobles. Cualquiera que puede sospechar ver en el otro un delator, ve en él un enemigo. Entonces los hombres se acostumbran a enmascarar sus propios dictámenes, y con el uso de esconderlos a los otros llegan finalmente a esconderlos de sí mismos. Infelices, pues, cuando han arribado a este punto; sin principios claros que los guíen, vagan desmayados y fluctuantes por el vasto mar de las opiniones, pensando siempre en salvarse de los monstruos que les amenazan. Pasan el momento presente en la amargura que les ocasiona la incertidumbre del futuro: privados de los durables placeres de la tranquilidad y seguridad, apenas algunos pocos de ellos repartidos en varias temporadas de su triste vida, y devorados con prisa y con desorden los consuelan de haber vivido. ¿Y de estos hombres haremos nosotros los soldados intrépidos defensores de la patria y del trono? ¿Y entre éstos encontraremos los magistrados incorruptos, que con libre y patriótica elocuencia sostengan y desenvuelvan los verdaderos intereses del soberano? ¿Que lleven al trono con los tributos el amor y las bendiciones de todas las congregaciones de los hombres, y de éste vuelvan a las casas y campañas la paz, la seguridad y la esperanza industriosa de mejor suerte, útil fermento y vida de los estados?

¿Quién puede defenderse de la calumnia cuando ella está armada del *secreto*, escudo el más fuerte de la tiranía? ¿Qué género de gobierno es aquel donde el que manda sospecha en cada súbdito un enemigo, y se ve obligado por el reposo público a dejar sin reposo a los particulares?

¿Cuáles son los motivos con que se justifican las acusaciones y penas secretas? ¿La salud pública, la seguridad y conservación de la forma de gobierno? ¿Pero, qué extraña Constitución es aquella donde el que tiene consigo la fuerza y la opinión más eficaz que ella, teme a cada ciudadano? ¿Pretende, pues, la indemnidad del acusador? Luego las leyes no le defienden bastante, y serán de esta suerte los súbditos más fuertes que el soberano. ¿La infamia del delator? Luego se autoriza la calumnia secreta y se castiga la pública. ¿La naturaleza del delito? Si las acciones indiferentes, si aun las útiles al público se llaman delitos, las acusaciones y juicios nunca son bastante secretos. ¿Qué? ¿Puede haber delitos, esto es, ofensas públicas, y que al mismo tiempo no sea interés de todos la publicidad del ejemplo, fin único del juicio? Yo respeto todo gobierno y no hablo de alguno en particular. Tal es alguna vez la naturaleza de las circunstancias que puede creerse como extrema ruina quitar un mal cuando es inherente al sistema de una nación; pero si hubiese de dictar nuevas leyes en algún ángulo del universo que estuviese abandonado, antes de autorizar esta costumbre me temblaría la mano, y se me pondría delante de los ojos la posteridad toda (*m*).

Es opinión del Sr. Montesquieu que las acusaciones públicas son más conformes al gobierno republicano, donde el bien público debe formar el primer cuidado de los ciudadanos, que al monárquico, donde esta máxima es debilísima por su misma naturaleza, y donde es un excelente establecimiento destinar comisarios que en nombre público acusen a los infractores de las leyes. Pero así en el republicano como en el monárquico debe darse al calumniador la pena que tocaría al acusado.

CAPÍTULO XVI

DEL TORMENTO

Una crueldad consagrada por el uso entre la mayor parte de las naciones es la tortura del reo mientras se forma el proceso, o para obligarlo a confesar un delito, o por las contradicciones en que incurre, o por el descubrimiento de los cómplices, o por no sé cuál metafísica e incomprensible purgación de la infamia, o finalmente por otros delitos de que podría ser reo, pero de los cuales no es acusado.

Un hombre no puede ser llamado *reo* antes de la sentencia del juez, ni la sociedad puede quitarle la pública protección sino cuando esté decidido que ha violado los pactos bajo los que le fue concedida. ¿Qué derecho sino el de la fuerza será el que dé potestad al juez para imponer pena a un ciudadano mientras se duda si es reo o inocente? No es nuevo este dilema: o el delito es cierto o incierto; si es cierto, no le conviene otra pena que la establecida por las leyes, y son inútiles los tormentos porque es inútil la confesión del reo; si es incierto, no se debe atormentar a un inocente, porque tal es, según las leyes, un hombre cuyos delitos no están probados. Pero yo añado que es querer confundir todas las relaciones pretender que un hombre sea al mismo tiempo acusador y acusado (*n*), que el dolor sea el crisol de la verdad, como si el juicio de ella residiese en los músculos y fibras de un miserable. Éste es el medio seguro de absolver a los robustos malvados, y condenar a los flacos inocentes. Veis aquí a los fatales inconvenientes de este pretendido juicio de verdad; pero juicio digno de un caníbal, que aun los bárbaros romanos por más de un título reservaban sólo a los esclavos, víctimas de una feroz demasiado loada virtud.

¿Cuál es el fin político de las penas? El terror de los otros hombres. ¿Pero qué juicio deberemos nosotros hacer de las privadas y secretas carnicerías que la tiranía del uso ejercita sobre los reos y sobre los inocentes? Es importante que todo delito público no quede sin castigo; pero es inútil que se acierte quién haya cometido un delito sepultado en las tinieblas. Un daño hecho, y que no tiene remedio, no puede ser castigado por la sociedad política sino cuando influye sobre los otros ciudadanos con la lisonja de la impunidad (*o*). Si es verdad que el número de los hombres respetadores de las leyes, o por temor o por virtud, es mayor que el de los infractores, el riesgo de atormentar a un solo inocente debe valuarse en tanto más cuanta es mayor la probabilidad en circunstancias iguales de que un hombre las haya más bien respetado que despreciado.

Otro ridículo motivo de la tortura es la purgación de la infamia. Esto es, un hombre juzgado infame por las leyes debe, para libertarse de esta infamia, confirmar la verdad de su deposición con la dislocación de sus huesos. Este abuso no se debería tolerar en el siglo decimoctavo. Se cree que el dolor, siendo una sensación, purgue la infamia, que es una mera relación moral. Se dirá que acaso el dolor es un crisol. ¿Pero la infamia es acaso un cuerpo mixto impuro? No es difícil subir al origen de esta ley ridícula, porque los mismos absurdos, adoptados por una nación entera, tienen siempre alguna relación con otras ideas comunes y respetadas de la nación misma. Parece este uso tomado de las ideas religiosas y espirituales que tienen tanta influencia sobre los pensamientos de los hombres, sobre las naciones y sobre los siglos. Un dogma infalible asegura que las manchas contraídas por la fragilidad humana y que no han merecido la ira eterna del Supremo Ser, deben purgarse por un fuego incomprensible; pues siendo la infamia una mancha civil, así como el dolor y el fuego quitan las manchas espirituales, ¿por qué los dolores del tormento no quitarán la mancha civil, que es la infamia? Yo creo que la confesión del reo, que en algunos tribunales se requiere como esencial para la condenación, tenga un origen no desemejante; porque en el misterioso tribunal de la penitencia la confesión de los pecados es parte esencial del sacramento. Veis aquí cómo los hombres abusan de las luces más seguras de la revelación, y así como éstas son las que sólo subsisten en los tiempos de la ignorancia, así a ellas recurre la humanidad dócil en todas las ocasiones, haciendo las aplicaciones más absurdas y disparatadas. Mas la infamia es un dictamen no sujeto a las leyes ni a la razón, sino a la opinión común. La tortura misma ocasiona una infamia real a quien la padece; luego con este método se quitará la infamia causando la infamia.

El tercer motivo es el tormento que se da a los que se suponen reos cuando en su examen caen en contradicciones; como si el temor de la pena, la incertidumbre del juicio, el aparato y la majestad del juez, la ignorancia común a casi todos los malvados y a los inocentes, no deban probablemente hacer caer en contradicción al inocente que teme, y al reo que procura cubrirse, como si las contradicciones comunes en los hombres cuando están tranquilos no deban multiplicarse en la turbación del ánimo todo embebido con el pensamiento de salvarse del inminente peligro.

Este infame crisol de la verdad es un monumento aun de la antigua y bárbara legislación cuando se llamaban *juicios* de Dios las pruebas del fuego y del agua hirviendo, y la incierta suerte de las armas. Como si los eslabones de la eterna cadena, que tiene su origen en el seno de la primera causa, debiesen a cada momento desordenarse y desenlazarse por frívolos establecimientos humanos (*p*). La diferencia que hay entre la tortura y el fuego y el agua hirviendo es sólo que el éxito de la primera parece que depende de la voluntad del reo, y el de la segunda de lo extrínseco de un hecho puramente físico; pero esta diferencia es sólo aparente y no real. Tan poca libertad hay ahora entre los cordeles y dolores para decir la verdad, como había entonces para impedir sin fraude los efectos del fuego y del agua hirviendo. Todo acto de nuestra voluntad es siempre proporcionado a la fuerza de la impresión sensible, que es su manantial, y la sensibilidad de todo hombre es limitada (*q*); y así la impresión del dolor puede crecer a tal extremo, que ocupándola toda, no deje otra libertad al atormentado que la de escoger el camino más corto en el momento presente y sustraerse de la pena. Entonces la respuesta del reo es tan necesaria como las impresiones del fuego y del agua. Entonces el inocente sensible se llamará reo si cree con esto hacer cesar el tormento. Toda diferencia entre ellos desaparece por aquel medio, mismo que se pretende empleado para encontrarla. Es superfluo duplicar la luz de esta verdad citando los innumerables ejemplos de inocentes que se confesaron reos por los dolores de la tortura: no hay nación, no hay edad que no presente los suyos; pero ni los hombres se mudan ni sacan las consecuencias. No hay hombre, si ha girado más allá de las necesidades de la vida, que alguna vez no corra hacia la naturaleza, que con voces secretas y confusas lo llama a sí; pero el uso tirano de los entendimientos lo separa y espanta. El éxito, pues, de la tortura, es un asunto de temperamento y de cálculo, que varía en cada hombre a proporción de su robustez y de su sensibilidad; tanto que con este método un matemático desatará mejor que un juez este problema. Determinada la fuerza de los músculos y la sensibilidad de las fibras de un inocente, se puede encontrar el grado de dolor que lo hará confesar reo de un delito supuesto.

El examen de un reo se hace para conocer la verdad; pero si ésta se descubre fácilmente en el aire, en el gesto y en la fisonomía de un hombre tranquilo, mucho menos se descubrirá en aquel a quien las convulsiones del dolor alteran, y hacen faltar todas las señales por donde, aunque a su pesar, sale al rostro de la mayor parte de los hombres la verdad misma. Toda acción violenta hace desaparecer las más pequeñas diferencias de los objetos, por las cuales algunas veces se distingue lo verdadero de lo falso.

Conocieron estas verdades los legisladores romanos, entre los que no se encuentra usada tortura alguna, sino sólo en los esclavos, a quienes estaba quitado todo derecho personal. Las ha conocido Inglaterra, nación y reino donde la gloria de las letras, la superioridad del comercio y de las riquezas y lo que a esto es consiguiente, el poder, los ejemplos de virtud y de valor no dejan dudar de la bondad de las leyes. La tortura ha sido abolida en Suecia: ha sido abolida de uno de los mayores y más sabios monarcas de Europa, que colocando sobre el trono la filosofía, legislador amigo de sus vasallos, los ha hecho iguales y libres en la dependencia de las leyes, que es la sola igualdad y libertad que pueden los hombres racionales pretender en las presentes combinaciones de las cosas. No han creído necesaria la tortura las leyes de los ejércitos, compuestos por la mayor parte de la hez de las naciones, y que por esta razón parece debería servir en ellos más que en cualquiera otra sociedad. Cosa extraña para quien no considera cuán grande es la tiranía del uso que las leyes pacíficas deban aprender el más humano método de juzgar de los ánimos endurecidos a los estragos y a la sangre.

Esta verdad, finalmente, ha sido conocida de aquellos mismos que más se alejan de ella. No vale la confesión dictada durante la tortura si no se confirma con juramento después de haber cesado ésta; pero si el reo no confirma lo que allí dijo, es atormentado de nuevo. Algunas naciones y algunos doctores no permiten esta infame repetición más que tres veces; otras naciones y otros doctores la dejan al arbitrio del juez; de manera que, puestos dos hombres igualmente inocentes, o igualmente reos, el robusto y esforzado será absuelto, y el flaco y tímido condenado en fuerza de este exacto raciocinio: "Yo, juez, debía encontraros reos de tal delito: tú, vigoroso, has sabido resistir el dolor, y por esto te absuelvo; tú, débil, has cedido, y por esto te condeno. Conozco que la confesión que te he arrancado entre la violencia de los tormentos no tendría fuerza alguna; pero yo te atormentaré de nuevo si no confirmas lo que has confesado." (*r*)

Una consecuencia extraña, que necesariamente se deriva del uso de la tortura, es que el inocente se hace de peor condición que el reo; puesto que aplicados ambos al tormento, el primero tiene todas las combinaciones contrarias, porque, o confiesa el delito y es condenado, o lo niega y, declarado inocente, ha sufrido una pena que no debía; pero el reo tiene un caso favorable para sí: éste es, cuando resistiendo a la tortura con firmeza, debe ser absuelto como inocente, pues así ha cambiado una pena mayor por una menor. Luego el inocente siempre debe perder, y el culpado puede ganar.

La ley que manda la tortura es una ley que dice: "Hombres, resistid al dolor; y si la naturaleza ha criado en vosotros un inextinguible amor propio; y si os ha dado un derecho enajenable para vuestra defensa; yo creo en vosotros afecto todo contrario; esto es, un odio heroico de vosotros mismos, y os mando que os acuséis, diciendo la verdad aun entre el desenlazamiento de los músculos y dislocaciones de los huesos".

Se da la tortura para descubrir si el reo lo es de otros delitos fuera de aquellos sobre que se le acusa, cuyo hecho equivale a este raciocinio: "Tú eres reo de un delito: luego es posible que lo seas de otros ciento. Esta duda me oprime, y quiero salir de ella con mi criterio de la verdad: las leyes te atormentan porque eres reo, porque puedes ser reo, porque yo quiero que tú seas reo".

Finalmente, la tortura se da a un acusado para descubrir los cómplices de su delito (*s*); pero si está demostrado que ésta no es un medio oportuno para descubrir la verdad, ¿cómo podrá servir para averiguar los cómplices, que es una de las verdades de cuyo descubrimiento se trata? Como si el hombre que se acusa a sí mismo no acusase más fácilmente a los otros. ¿Es acaso justo atormentar a los hombres por el delito de otros? ¿No se descubrirán los cómplices del examen del reo, de las pruebas y cuerpo del delito, del examen de los testigos, y en suma, de todos aquellos mismos medios que deben servir para certificar el delito en el acusado? Los cómplices por lo común huyen inmediatamente después de la prisión del compañero: la incertidumbre de su suerte los condena por sí sola al destierro y libra a la nación del peligro de nuevas ofensas, mientras tanto la pena del reo, que está en su fuerza, obtiene el fin que procura; esto es, separar con el terror a los otros hombres de semejante delito (*t*).

SUPLEMENTO AL CAPÍTULO XVI

DEL SECRETO, ETCÉTERA

"Este título nos transporta a otro siglo, y escribo en el decimonono.

"La jurisprudencia criminal distinguía en otro tiempo dos especies de *tormento*: él uno llamado *preparatorio*, cuando no existían suficientes pruebas contra un reo acusado de un delito digno de muerte; que fue suprimido por la declaración del 24 de agosto de 1780. Y el segundo, llamado *previo*, se aplicaba después de la sentencia de muerte y antes de su ejecución, a fin de obtener la revelación de los cómplices; conservose éste, y se derogó por la ley de 9 de octubre de 1789; porque una nación que renovaba su legislación, no podía dejar subsistir una tan bárbara institución.

"Podría extenderme sobre la explicación de los tormentos que se daban... Pero con Montesquieu, oigo el grito de la naturaleza que clama contra mí.

"No hablemos pues de lo que ya no existe; y harto es el tener que ocuparnos en lo que existe. – Está suprimido el tormento: esto es lo que nuestra legislación proclama. – Sin embargo, la necesidad de obtener algunas declaraciones en ciertas causas ha imaginado un nuevo género de tortura, al que no puede resistir por mucho tiempo el más entero valor. Quiero decir del secreto; y no temo cargarme con la responsabilidad de los hechos que paso a referir. Me ciño a consignar aquí los actos que han adquirido la mayor publicidad. Los medios que en algunas épocas se han empleado en las cárceles o casas de reclusión para forzar a los presos a hacer revelaciones, son éstos:

"El hombre sujeto a esta especie de tortura está encerrado por lo común en un estrecho calabozo, que con la mayor frecuencia es húmedo, con el piso de piedra, y ventilado rara vez. No recibe esta mazmorra un escaso rayo de luz, más que por medio de un fuelle de madera acomodado a una ventana barreada.

"Todo su ajuar se reduce a un mal jergón; sin mesa ni sillas; de manera que el preso se ve obligado a estar siempre tendido o de pie.

"Le está vedada toda lectura; y aun se le niega el leve consuelo de escribir sus pensamientos, y hallándose solo con sus tétricas reflexiones, y muy a menudo en medio de una profunda oscuridad, no tiene nada que pueda desvanecerle sus congojas.

"Una cubeta, colocada al lado suyo, sirve para el desahogo de las necesidades naturales, y contribuye, con el infecto olor que ella despide, para hacer insoportable aquella mansión.

"A todas horas del día y de la noche le despierta a uno la estrepitosa vigilancia de un carcelero, el que privado de toda sensibilidad, no respeta descanso ninguno, ni dolor; menea con estruendo sus llaves y cerrojos, y se complace al aparecer en contemplar el martirio de aquellos infelices.

"Pan, en corta cantidad con frecuencia, es todo el sustento de aquel desdichado; y a veces en ciertas ocasiones olvidan *ex profeso* dársele, con la mira de disminuir sus fuerzas. No le dejan cuchillo, ni instrumento alguno estando a cargo del carcelero el partir sus alimentos.

"Sácanle de cuando en cuando de aquella horrible morada para llevarle ante un juez interrogante; pero sus recuerdos son confusos, apenas puede sostenerse; y es un prodigio si después de muchos interrogatorios no forma la incoherencia de sus respuestas muchas contradicciones, de que hacen en seguida otros tantos nuevos artículos de acusación contra él.

"Vuelto a la prisión, y si no ha llenado las esperanzas del juez, recibe orden el conserje de duplicar los rigores. Así, a veces cuando el horror de la soledad ha sido ineficaz sobre un alma fuertemente constituida, sustituyen a estos tratamientos otro género de suplicios. La relumbrante luz de un reverbero viene a ocupar el lugar de las tinieblas; dirigen el resplandor hacia la tarima del encarcelado, el que para evitar tan incómodo brillo, se ve precisado a tener cerrados por mucho tiempo sus cansados ojos. Durante este tiempo, un dependiente de policía, colocado al extremo opuesto del calabozo y sentado delante de una mesa, le observa silencioso; repara en sus movimientos, y no deja de apuntar ninguno de sus suspiros; recoge las palabras y quejas arrancadas por el dolor, y le quita el último consuelo que no puede robársele al desvalido, que es el de gemir solo.

"Dichoso el encarcelado, si estos mercenarios agentes, que se suceden en su vigilancia, no mienten jamás a su conciencia y a la verdad.

"El tiempo durante el cual está el reo sujeto a este régimen no tiene medida alguna, y queda al arbitrio del magistrado. Hay quien lo ha estado por quinientos cincuenta y dos días, otros por trescientos setenta y dos, y algunos por ciento uno. Después de este trato, no se restituye ya un hombre a la luz, sino un espectro y cadáver, que con frecuencia ha perdido hasta las impresiones del dolor.

"Éstas son las torturas con que hemos sustituido el tormento preparatorio de los tiempos antiguos.

"Finalmente, cuando el acusado es condenado a la pena capital, si esperan lograr alguna revelación de él, le sujetan a nuevos tormentos que han de producir siempre su efecto, puesto que se ejercen sobre un cuerpo que casi no tiene vida ya; y también así hemos sustituido el antiguo tormento previo". (Berenguer, *De la justicia criminal en Francia, etc.*, título II, cap. I, § IX.)

Capítulo XVII

DEL ESPÍRITU DE FISCO

El espíritu de fisco que se ha unido a la jurisprudencia criminal desde su origen es también un manantial funesto de injusticias y errores.[3]

Hubo un tiempo en que casi todas las penas eran pecuniarias, y los delitos de los hombres el patrimonio del príncipe; los atentados contra la seguridad pública eran un objeto de lujo; el que estaba destinado a defenderla tenía interés en verla ofendida; era, pues, el objeto de las penas un pleito entre el fisco (exactor de estas multas) y el reo; un negocio civil, contencioso, privado más bien que público, que daba al fisco otros derechos fuera de los suministrados por la defensa pública, y al reo otras vejaciones fuera de aquellas en que había incurrido por la necesidad del ejemplo. El juez era más un abogado del fisco que un indiferente indagador de la verdad, un agente del erario, fiscal más que protector y ministro de las leyes. Pero así como en este sistema el confesarse delincuente era confesarse deudor del fisco, blanco único entonces de los procedimientos criminales, así la confesión del delito combinada de modo que favorezca, no perjudique las razones fiscales, viene a ser y es actualmente (continuando siempre los efectos, después de haber faltado a sus causas) el centro, a cuya inmediación circulan todas las máquinas criminales. Sin ella un reo convencido por pruebas indubitables tendrá una pena menor que la establecida; sin ella no sufrirá la tortura sobre otros delitos de la misma especie que pueda haber cometido. Con ella el juez toma posesión del cuerpo de un reo, y lo destruye con metódica formalidad para sacar como de un fondo de ganancia todo el provecho que puede.

[3] Esta frase no se encuentra en el original. Algunos traductores la han aludido como necesaria.

Probada la existencia del delito la confesión sirve de prueba convincente; y para hacer esta prueba menos sospechosa se la procura por medio del tormento y los dolores, conviniendo al mismo tiempo en que una deposición extrajudicial, tranquila e indiferente, sin los temores de un espantoso juicio, no basta para la condenación. Se excluyen las indagaciones y pruebas que aclaran el hecho, pero que debilitan las razones del fisco. No se omiten alguna vez los tormentos en favor de la flaqueza y de la miseria, sino en favor de las razones que podría perder este ente imaginario e incomprensible. El juez se hace enemigo del reo, de un hombre encadenado, presa de la suciedad, de los tormentos y de la expectativa más espantosa: no busca la verdad del hecho, busca sólo el delito en el encarcelado. Le pone lazos, y se cree desairado si no sale con su intento en perjuicio de aquella infalibilidad que el hombre se atribuye en todos sus pensamientos. Los indicios para la captura están al arbitrio del juez, etc. Para que un hombre se halle en la precisión de probar su inocencia debe antes ser declarado reo. Esto se llama hacer un *proceso ofensivo*; y tales son los procedimientos en casi todos los lugares de la iluminada Europa en el siglo decimoctavo. El verdadero proceso *informativo*, esto es, la indagación indiferente del hecho, según manda la razón, según lo acostumbran las leyes militares, usado aun del mismo despotismo asiático en los casos tranquilos e indiferentes, tiene muy poco uso en los tribunales europeos. ¡Qué complicado laberinto de extraños absurdos, increíbles, sin duda, a una posteridad más feliz! Sólo los filósofos de aquel tiempo leerán en la naturaleza del hombre la posible existencia de semejante sistema.

Capítulo XVIII

DE LOS JURAMENTOS

Una contradicción entre las leyes y las máximas naturales del hombre nace de los juramentos que se piden al reo sobre que diga sencillamente la verdad cuando tiene el mayor interés en encubrirla: como si el hombre pudiese jurar de contribuir seguramente a su destrucción, como si la religión no callase en la mayor parte de los hombres cuando habla el interés. La experiencia de todos los siglos ha hecho ver que excede a los demás abusos el que ellos han hecho de este precioso don del cielo. ¿Pues por qué se ha de creer que los malhechores la respetarán si los hombres tenidos por sabios y virtuosos la han violado frecuentemente? Los motivos que la religión contrapone al tumulto del temor y deseo de la vida son por la mayor parte muy flacos, porque están muy remotos de los sentidos. Los negocios del cielo se rigen con leyes bien diferentes de las que gobiernan los negocios humanos. ¿Pues por qué comprometer los unos con los otros? ¿Por qué poner al hombre en la terrible precisión de faltar a Dios, o concurrir a su propia ruina? La ley que ordena el juramento no deja en tal caso al reo más que la elección de ser mártir o mal cristiano. Viene poco a poco el juramento a ser una simple formalidad, destruyéndose por este medio la fuerza de los principios de la religión, única prenda en la mayor parte de los hombres (*u*). Que los juramentos son inútiles lo ha hecho ver la experiencia; pues cada juez puede serme testigo de no haber logrado jamás por este medio que los reos digan la verdad. Lo hace ver la razón que declara inútiles, y por consiguiente dañosas, todas las leyes cuando se oponen a los dictámenes naturales del hombre. Acaece a éstas lo que a las compuertas o diques opuestos directamente a la corriente de un río; o son inmediatamente derribados y sobrepujados, o el esfuerzo lento y repetido del agua los roe y mina insensiblemente.

CAPÍTULO XIX

PRONTITUD DE LA PENA

Tanto más justa y útil será la pena cuanto más pronta fuere y más vecina al delito cometido. Digo más justa porque evita en el reo los inútiles y fieros tormentos de la incertidumbre que crecen con el vigor de la imaginación y con el principio de la propia flaqueza; más justa porque siendo una especie de pena la privación de la libertad no puede preceder a la sentencia sino en cuanto la necesidad obliga. La cárcel es sólo la simple custodia de un ciudadano hasta tanto que sea declarado reo; y esta custodia, siendo por su naturaleza penosa, debe durar el menos tiempo posible, y debe ser la menos dura que se pueda. El menos tiempo debe medirse por la necesaria duración del proceso y por la antigüedad de las causas que concede por orden el derecho de ser juzgado. La estrechez de la cárcel no puede ser más que la necesaria, o para impedir la fuga, o para que no se oculten las pruebas de los delitos. El mismo proceso debe acabarse en el más breve tiempo posible. ¿Cuál contraste más cruel que la indolencia de un juez y las angustias de un reo? ¿Las comodidades y placeres de un magistrado insensible de una parte, y de otra las lágrimas y la suciedad de un encarcelado (*v*)? En general el peso de la pena y la consecuencia de un delito debe ser la más eficaz para los otros, y la menos dura que fuere posible para quien la sufre; porque no puede llamarse sociedad legítima aquella en donde no sea principio infalible que los hombres han querido sujetarse a los menores males posibles.

He dicho que la prontitud de las penas es más útil porque cuanto es menor la distancia del tiempo que pasa entre la pena y el delito, tanto más fuerte y durable en el ánimo la asociación de estas dos ideas *delito* y *pena*; de tal modo, que se consideran el uno como causa, y la otra como efecto consiguiente y necesario (*x*). Está demostrado que la unión de las ideas es el cimiento sobre el que se forma toda la fábrica del entendimiento humano, sin la cual el placer y el dolor serían impulsos limitados y de ningún efecto. Cuanto más los hombres se separan de las ideas generales y de los principios universales, esto es, cuanto más vulgares son, tanto más obran por las inmediatas y más cercanas asociaciones, descuidando las más remotas y complicadas, que sirven únicamente a los hombres fuertemente apasionados por el objeto a que se dirigen, como que la luz de la atención ilumina sólo éste, dejando los otros en la oscuridad. Sirven igualmente a los entendimientos más elevados, porque tienen adquirido el hábito de pasar rápidamente sobre muchos objetos de una vez, y la facilidad de hacer chocar muchos dictámenes parciales unos con otros; de modo que las resultas o acción son menos peligrosas e inciertas.

Es, pues, de suma importancia la proximidad de la pena al delito si se quiere que en los rudos entendimientos vulgares a la pintura seduciente de un delito ventajoso asombre inmediatamente la idea asociada de la pena. La tardanza no produce más efecto que desunir cada vez más estas dos ideas; y aunque siempre hace impresión el castigo de un delito cuando se ha dilatado, la hace menos como castigo que como espectáculo; y no la hace sino después de desvanecido en los ánimos de los espectadores el horror de tal delito particular que serviría para reforzar el temor de la pena (*y*).

Otro principio sirve admirablemente para estrechar más y más la importante conexión entre el delito y la pena; éste es que sea ella conforme cuanto se pueda a la naturaleza del mismo delito. Esta analogía facilita maravillosamente el choque que debe haber entre los estímulos que impelan al delito y la repercusión de la pena; quiero decir que ésta separe y conduzca el ánimo a un fin opuesto de aquel por donde procura encaminarlo la idea que seduce para la infracción de las leyes.

CAPÍTULO XX

VIOLENCIAS

Unos atentados son contra la persona, otros contra la sustancia. Los primeros deben ser castigados infaliblemente con penas corporales. Ni el grande ni el rico deben satisfacer por precio los atentados contra el flaco y el pobre; de otra manera las riquezas que bajo la tutela de las leyes son el premio de la industria, se vuelven alimento de la tiranía. No hay libertad cuando algunas veces permiten las leyes que en ciertos acontecimientos el hombre deje de ser *persona*, y se repute como *cosa*. Veréis entonces la industria del poderoso cavilosamente entregada en hacer salir del tropel de combinaciones civiles aquellas que las leyes determinan en su favor. Este descubrimiento es el secreto mágico que cambia los ciudadanos en animales de servicio; que en mano del fuerte es la cadena que liga las acciones de los incautos y de los desvalidos. Ésta es la razón porque en algunos gobiernos que tienen toda la apariencia de libertad está la tiranía escondida, o se introduce en cualquier ángulo descuidado del legislador, donde insensiblemente toma fuerza y se engrandece. Los hombres por lo común oponen las más fuertes contrapuertas a la tiranía descubierta; pero no ven el insecto imperceptible que las carcome, y abre al río inundador un camino tanto más seguro cuanto más oculto.

Capítulo XXI

PENAS DE LOS NOBLES

¿Cuáles serán, pues, las penas de los nobles, cuyos privilegios forman gran parte de las leyes de las naciones? Yo no examinaré aquí si esta distinción hereditaria entre los nobles y plebeyos sea útil en el gobierno o necesaria en la monarquía. Tampoco examinaré si es verdad que forma un poder intermedio que limita los excesos de ambos extremos, o más bien una congregación, que esclava de sí misma y de otros cierra todo giro de crédito y de esperanza en un círculo estrechísimo, semejante a las islillas amenas y fecundas que sobresalen en los vastos y arenosos desiertos de Arabia; y que cuando sea verdad ser la desigualdad inevitable o útil en la sociedad lo sea también que deba consistir más bien en las compañías que en los individuos; afirmarse en una parte más bien que circular por todo el cuerpo político; perpetuarse más bien que nacer y destruirse incesantemente. Limitareme sólo a las penas con que se debe castigar esta clase, afirmando ser las mismas para el primero que para el último ciudadano. Toda distinción, sea en los honores, sea en las riquezas, para que se tenga por legítima, supone una anterior igualdad fundada sobre las leyes que consideran todos los súbditos como igualmente dependientes de ellas.

Se debe suponer que los hombres, renunciando a su propio y natural despotismo, dijeron: *quien fuere más industrioso, tenga mayores honores, y su forma resplandezca en sus sucesores, pero por más feliz y más honrado que sea espere más, y no tema menos que los otros violar aquellos pactos con que fue elevado sobre ellos.* Es verdad que tales decretos no se hicieron en una dieta del género humano; pero existen en las relaciones inmutables de las cosas; no destruyen las ventajas que se suponen producidas de la nobleza, e impiden sus inconvenientes; hacen formidables las leyes, cerrando todo camino a la impunidad. Al que dijese que la misma pena dada al noble y al plebeyo no es realmente la misma por la diversidad de la educación y por la infamia que se extiende a una familia ilustre, responderé que la sensibilidad del reo no es la medida de las penas sino el daño público, tanto mayor cuanto es causado por quien está más favorecido; que la igualdad de las penas no puede ser sino extrínseca, siendo realmente diversa en cada individuo; que la infamia de una familia puede desvanecerse por el soberano con demostraciones públicas de benevolencia en la inocente parentela del reo. ¿Y quién ignora que las formalidades sensibles tienen lugar de razones en el pueblo crédulo y admirador?

Capítulo XXII

HURTOS

Los hurtos, que no tienen unida violencia, deberían ser castigados con pena pecuniaria. Quien procura enriquecerse de lo ajeno debiera ser empobrecido de lo propio. Pero como ordinariamente este delito proviene de la miseria y desesperación, cometido por aquella parte infeliz de hombres a quien el derecho de propiedad (terrible, y acaso no necesario) ha dejado sólo la desnuda existencia; y tal vez las penas pecuniarias aumentarían el número de los reos conforme creciese el de los necesitados, quitando el pan a una familia inocente para darlo a los malvados; la pena más oportuna será aquella única suerte de esclavitud que se pueda llamar justa, esto es, la esclavitud por cierto tiempo, que hace a la sociedad señora absoluta de la persona y trabajo del reo para resarcirla con la propia y perfecta dependencia del injusto despotismo usurpado contra el pacto social. Pero cuando el hurto está mixto con violencia la pena debe ser igualmente un mixto de corporal y servil. Otros escritores antes que yo han demostrado el evidente desorden que nace cuando no se distinguen las penas que se imponen por hurtos violentos de las que se imponen por hurtos dolosos, igualando con absurdo una gruesa cantidad de dinero a la vida de un hombre; pero nunca es superfluo repetir lo que casi nunca se ha puesto en práctica. Las máquinas políticas conservan más que cualquier otra el movimiento que reciben, y son las más difíciles en adquirir otro nuevo. Éstos son delitos de diferente naturaleza; y es ciertísimo, aun en la política, aquel axioma de matemática, que entre las cantidades heterogéneas hay una distancia infinita que las separa.

SUPLEMENTO AL CAPÍTULO XXII

REFLEXIONES SOBRE UNAS MEMORIAS INGLESAS INTITULADAS: *PENSAMIENTOS SOBRE LA JUSTICIA CRIMINAL*, Y SOBRE OTRAS PUBLICADAS EN FRANCIA CON EL TÍTULO DE *OBSERVACIONES SOBRE EL ROBO*

Por BENJAMÍN FRANKLIN

Estas dos obritas son para los magistrados, a quienes se dedican; pero están escritas con un espíritu muy diferente. El inglés quiere que todos los ladrones sean indistintamente ahorcados, y el francés pide que las penas sean proporcionales a los delitos.

Si, como hacemos profesión de creerlo, pensamos realmente que la ley de Moisés es la de Dios, y la miramos como la sabiduría divina, infinitamente superior a la humana, ¿sobre qué principios infligiremos la pena de muerte por un delito que, en conformidad a esta ley, no debe ser castigado más que por la restitución del cuádruplo? El condenar alguno a muerte por un crimen que no lo merece, ¿no es cometer un verdadero asesinato? y, como lo dice el escritor francés, ¿se debe castigar un delito contra la sociedad con un crimen contra la naturaleza?

La sociedad es la que ha creado lo superfluo, y así es que unas leyes simples y suaves bastarían para garantizar lo absoluto necesario. Sin ninguna clase de ley, y por el solo temor de represalia, el salvaje disfruta en paz de su arco, de su hacha y de su vestido de pieles.

Cuando en virtud de las primeras leyes, la sociedad llegó a ser rica y poderosa, esta desigualdad necesitó unas leyes más severas, y las propiedades fueron protegidas a expensas de la humanidad. Éstos son los principios del abuso de los poderes y de la tiranía. Si le hubiesen dicho al salvaje, antes de que entrase en la sociedad:

"Acaso vuestro vecino llegará a ser poseedor de un centenar de gamos; pero si vuestro hermano, vuestro hijo, o vos mismo, no siéndolo de nada, y estimulados por el hambre, os atrevieseis a matar uno solo de estos animales, una muerte infame será la consecuencia de semejante acción", es probable que el salvaje hubiese preferido la libertad natural y el derecho común de matar los gamos, a todas las ventajas que la sociedad hubiera podido ofrecerle.

Leo en los últimos papeles de Londres que una mujer está condenada a muerte en *l'Old Bailey*, por haber robado en una tienda, catorce chelines y tres peniques de gasa, entonces, ¿qué proporción guarda el daño hecho por robar catorce chelines, con el suplicio de una desgraciada criatura que expira en la horca? ¿No hubiera podido, con su trabajo, pagar el cuádruplo de esta cantidad, y por este medio satisfacer a la expiación exigida por la ley de Dios? Además, el infligir una pena desproporcionada al delito, ¿no es lo mismo que castigar a un inocente? Y considerando bien las cosas bajo este punto de vista, ¿cuántas veces, todos los años, la inocencia, no sólo es castigada, sino también atormentada en casi todos los estados civilizados de Europa?

Pero parece que se ha convenido que esta especie de inocencia debe ser castigada, a fin de precaver el crimen. En efecto, he leído que un cruel barbarisco tenía por costumbre, siempre que compraba un nuevo esclavo cristiano, hacerle aplicar inmediatamente cien palos en las plantas de los pies, a fin de que el recuerdo de este tratamiento y el temor de incurrir en él en lo sucesivo, le impidiesen de cometer las faltas que podrían hacer que lo mereciese.

El autor de los *pensamientos* tendría pena, sin duda, en aprobar enteramente la conducta de este turco en un gobierno de esclavos; sin embargo, ¿no parece que recomienda la observancia de semejante régimen para los vasallos británicos, aplaudiendo la respuesta del juez Burnet? Preguntando éste a un preso convicto de robo de caballo, si no tenía alguna cosa qué decir que pudiese salvarle de la muerte, el reo le respondió que parecía muy duro el que se ahorcase a un hombre por haber robado *solamente* un caballo: "Tampoco —le dijo el juez— es por haber robado *solamente* un caballo que se te ahorca; pero sí a fin de que los caballos no sean robados".

Los que conocen Europa en general dicen que se cometen y castigan anualmente más robos en Inglaterra que en todas las otras naciones europeas tomadas colectivamente. Si esto es verdad, debe haber una o muchas causas de esta depravación en nuestro pueblo. ¿Serían acaso esta injusticia y esta inmoralidad de nuestro gobierno nacional, que se manifiestan en nuestra conducta opresiva para con nuestros vasallos, y en nuestras guerras injustas contra nuestros vecinos?

Véanse las grandes injusticias de la Inglaterra en el interior, los monopolios que tanto tiempo ha ejercido sobre la Irlanda, el gobierno opresivo y cohechador de sus mercaderes en las Indias, sus guerras despojadoras para con sus colonias americanas; y para no mentar las que ha suscitado a la Francia y a la España, examínese bien la última con Holanda, mirada por toda Europa imparcial como una guerra de rapiña y de pillaje, en la cual, como los ingleses acaso lo eran en efecto, no parecían sostenidos ni animados más que por la esperanza de un inmenso botín. La justicia se debe tan estrictamente entre naciones como entre ciudades vecinas. Un ladrón de caminos, que comete robos con gente armada, es tan ladrón como cuando roba solo, y una nación que declara una guerra injusta, no es otra cosa más que una gran banda de ellos. Cuando hayáis empleado vuestro pueblo en pillar a los holandeses, y que la paz haya puesto un término a estos desórdenes, ¿será extraño acaso que continúe en el mismo oficio en su país, robándose los unos a los otros? Por todas partes en donde los ingleses se establecen, sea en sus territorios o bien lejos de ellos, la piratería, como dicen los franceses, o si se quiere, el oficio de armador, es su único objeto. Se pretende que en la última guerra no bajaron los armamentos a menos de setecientos. Éstos fueron hechos por negociantes ingleses sólo para robar a otros negociantes que nunca les habían hecho el menor mal. ¿Y es probable que hubiese uno solo de estos armadores, tan listo para desvalijar los mercaderes de Ámsterdam, que no habría hecho la misma operación con su vecino de Londres, si hubiese podido lisonjearse de hacerlo con la misma impunidad?

La codicia es la misma, siempre es el *alieni appetens*; y no hay más que el temor y el riesgo de ir a la horca que los diferencia.

¿Cómo, pues, una nación que cuenta tantos ladrones por inclinación entre sus ciudadanos los más honrados, y a quienes el gobierno protege y da comisiones a setecientas bandas para que roben, cómo una tal nación tiene la desvergüenza de condenar este crimen en los individuos, haciendo que en una mañana se ahorque a una veintena de ellos? Esto recuerda una anécdota de Newgate. Un preso se quejaba de que por la noche alguien se había adueñado de las hebillas de sus zapatos: "¡Qué diablos! —dijo otro—, ¿pues qué habría acaso algún ladrón entre nosotros? No es menester sufrirlo: pongámonos a hacer las pesquisas como las de los ladrones, y si lo encontramos, es preciso matarlo".

Con todo, se ha visto últimamente en Inglaterra el ejemplo de no querer un negociante, aprovecharse de sus bienes mal adquiridos. Estaba interesado en un buque que los otros propietarios creyeron propio para la piratería, y que hizo parte de las presas sobre los franceses. Así que la repartición del botín fue hecha, el negociante de quien hablo mandó poner en la gaceta un aviso para todos los que habían experimentado alguna pérdida, con el fin de devolverles la parte que le tocaba. Este hombre honrado era un cuákero. Los secretarios escoceses tuvieron otras veces la misma delicadeza: pues existe aún una ordenanza del consejo de la ciudad de Edimburgo, hecha poco tiempo después de la reforma, que prohíbe "el comprar géneros de presa, so pena de perder los derechos de vecindad, y bajo tal otra que el magistrado tuviese a bien de ordenar, pues que el uso de las presas era contrario a las leyes de la conciencia, que nos manda tratar a nuestros hermanos cristianos como desearíamos ser tratados nosotros mismos; por consiguiente esta clase de géneros no puede ser vendida en esta ciudad por ningún hombre piadoso". La raza de estos hombres se ha extinguido probablemente en Escocia, o sin duda después han abandonado sus principios; bien que se presume, y es muy dable, que la esperanza en las presas y confiscaciones ha sido el móvil principal para que esta nación tomase parte en la guerra contra las colonias.

Generalmente se ha creído durante algún tiempo que un militar debía ejecutar las órdenes que se le daban sin informarse de si la guerra era justa o injusta. Todos los príncipes que se sienten algo inclinados hacia la tiranía, deben apoyar sin duda esta opinión y hacer cuanto puedan para establecerla; pero, ¿no es de una consecuencia muy peligrosa, pues que sentado este principio, si el tirano manda a su ejército atacar y destruir, no digo yo a una nación vecina que no le habrá hecho ningún mal, sino aun a sus propios vasallos, el que sea preciso que obedezca? Un esclavo negro en nuestras colonias, a quien su amo manda que mate o robe a su vecino u otra mala acción cualquiera, puede rehusarle la obediencia, y el magistrado le protege. Luego, la esclavitud del soldado es peor que la del negro. El oficial honrado, que no teme que su demisión se atribuya a otra causa, puede darla antes que servir en una guerra injusta; pero los simples soldados, esclavos por toda la vida, están, puede ser, en la imposibilidad de juzgar por ellos mismos si la causa que defienden es justa o ilegítima; no podemos menos de compadecernos de su suerte, y aún más de la del marinero, a quien muchas veces se obliga a dejar una ocupación honrosa para ir a manchar sus manos de sangre, tal vez de un inocente; pero me parece que unos negociantes libres de esta violencia, de esta obligación forzada y a quienes la educación ha dotado de mayores luces, me parece, digo, que sería necesario que semejantes hombres examinasen a fondo si la guerra es justa, antes de reclutar un gran número de pícaros, con el objeto de enviarlos a atacar a sus compañeros los negociantes de una nación vecina, despojarles de sus bienes, arruinarles, acaso, hasta con sus familias si los abandonan, o herirles, estropearles y destrozarles si procuran defenderlos. Esto es, sin embargo, lo que practican los negociantes cristianos, que la guerra sea justa o que no lo sea; aunque es muy difícil el que la justicia asista a un mismo tiempo a ambos lados. Ésta es la costumbre de los negociantes ingleses y americanos, quienes no obstante se quejan de un robo particular, y hacen ahorcar por docenas a los que no han hecho más que seguir su ejemplo. Ya es más que tiempo, de que en consideración a la humanidad, se ponga un término a esta infamia. Los Estados Unidos de América, aunque mejor situados que ninguna nación europea para sacar partido de la piratería, pues que la mayor parte de los navíos mercantes destinados para las Indias pasan por delante de sus puertas, hacen todo lo posible, y ponen cuanto está en su poder para abolir esta perniciosa costumbre, insertando hasta en sus tratados con las otras potencias, que en caso de guerra, ninguna de las partes hostiles podrá dar privilegios de armamentos, y que los navíos mercantes pertenecientes a ambas, que no estén armados, podrán continuar su viaje sin el más leve temor de ser mutuamente molestados. Esta mejora tan feliz y ventajosa para el derecho de gentes no puede sino estimular el vivo deseo de que se extienda por todas las naciones.

Capítulo XXIII

INFAMIA(z)

Las injurias personales y contrarias al honor, esto es, a la justa porción de sufragios que un ciudadano puede exigir con derecho de los otros, deben ser castigadas con la infamia. Esta infamia es una señal de la desaprobación pública, que priva al reo de los votos públicos, de la confianza de la patria, y de aquella como fraternidad que la sociedad inspira. No pende esta sola de la ley. Es, pues, necesario que la infamia de la ley sea la misma que aquella que nace de las relaciones de las cosas: la misma que resulta de la moral universal o de la particular, que depende de los sistemas particulares, legisladores de las opiniones vulgares, y de aquella tal nación que inspiran. Si la una es diferente de la otra, o la ley pierde la veneración pública, o las ideas de la moral y de la probidad se desvanecen con menosprecio de las declamaciones, que jamás resisten a los ejemplos. Quien declara por infames acciones de suyo indiferentes, disminuye la infamia de las que son verdaderamente tales. Las penas de infamia ni deben ser muy frecuentes ni recaer sobre un gran número de personas a un tiempo. No lo primero, porque los efectos reales de las cosas de opinión siendo demasiado continuos debilitan la fuerza de la opinión misma. No lo segundo, porque la infamia de muchos se resuelve en no ser infame ninguno.

Las penas corporales y dolorosas no deben imponerse sobre delitos que, fundados en el orgullo, consiguen en el dolor mismo gloria y alimento. Conviene a éstos la ridiculez y la infamia, penas que enfrenan el orgullo de los fanáticos con el orgullo de los espectadores, y de cuya tenacidad apenas con lentos y obstinados esfuerzos se libra la verdad misma. De este modo, oponiendo fuerzas a fuerzas y opiniones a opiniones, romperá el sabio legislador la admiración y sorpresa ocasionada en el pueblo por un falso principio cuyas consecuencias bien deducidas suelen ayudar en el vulgo sus absurdos originarios.

He aquí un modo de no confundir las relaciones y la naturaleza invariable de las cosas, que no siendo limitada del tiempo y obrando incesantemente, confunde y desenvuelve todas las reglas limitadas que de ella se separan. No son sólo las artes de gusto y de placer que tienen por principio universal la imitación de la naturaleza, la misma política, o a lo menos, la verdadera y durable, las que están sujetas a esta máxima general; pues no es ella otra cosa que el arte de dirigir a un mismo centro las máximas inmutables de los hombres.

Capítulo XXIV

OCIOSOS

El que turba la tranquilidad pública, el que no obedece a las leyes, esto es, a las condiciones con que los hombres se sufren y se defienden recíprocamente, debe ser excluido de la sociedad, quiero decir, desterrado de ella. Ésta es la razón porque los gobiernos sabios no consienten en el seno del trabajo y de la industria aquel género de ocio político que los austeros declamadores confunden con el ocio que proviene de las riquezas bien adquiridas. Ocio que es útil y necesario a medida que la sociedad se dilata y la administración se estrecha. Llamo ocio político aquel que no contribuye a la sociedad ni con el trabajo ni con las riquezas: que adquiere, sin perder nunca, que venerado del vulgo con estúpida admiración, mirado por el sabio con compasión desdeñosa, en fuerza de las víctimas que le sirven de alimento: que estando privado del estímulo de la vida activa, cuya alma es la necesidad de guardar o aumentar las comodidades de la misma vida, deja a las pasiones de opinión (que no son las menos fuertes) toda su energía. ¿No es ocioso políticamente quien goza el fruto de los vicios o de las virtudes de sus mayores, y vende por placeres actuales el pan y la existencia a la industriosa pobreza, que ejercita en paz la tácita guerra de industria con la opulencia en lugar de la incierta y sanguinaria con la fuerza? Por esto deben las leyes definir cuál ocio es digno de castigo, no la austera y limitada virtud de algunos censores.

Cuando en un ciudadano acusado de un atroz delito no concurre la certidumbre, pero sí gran probabilidad de haberlo cometido, parece debería decretarse contra él la pena de destierro; mas para determinarlo así es necesario un estatuto del menos arbitrario y el más preciso que sea posible, el cual condene a esta pena la persona del que ha puesto a la nación en la fatal alternativa de temerlo o de ofenderlo; pero siempre reservándole el sagrado derecho de probar su inocencia. Mayores deben ser los motivos contra un nacional que contra un forastero, contra un indiciado por la primera vez, que contra el que ya lo ha sido otras (*aa*).

Capítulo XXV

DESTIERROS Y CONFISCACIONES

¿Pero el que es desterrado y excluido para siempre de la sociedad de que era miembro deberá ser privado de sus bienes? Esta cuestión puede considerarse con diversos aspectos. Perder los bienes es una pena mayor que la del destierro: luego con proporción a los delitos debe haber casos por donde se incurra en la pérdida de todos o parte de los bienes y casos en que no. La pérdida de todos debiera verificarse cuando el destierro decretado por la ley fuere tal, que anonade todas las relaciones que existen entre la sociedad y un ciudadano reo. Muere entonces el ciudadano y queda el hombre; y en el cuerpo político debe producir el mismo efecto que la muerte natural. Parecía, pues, que los bienes quitados al reo debieran tocar a sus legítimos sucesores más bien que al príncipe; puesto que la muerte y semejante destierro son lo mismo respecto del propio cuerpo político. Pero no me fundo en esta sutileza para atreverme a desaprobar las confiscaciones de los bienes. Si algunos han sostenido que éstas sirven de freno a las venganzas y prepotencias privadas, no reflexionan que aun cuando las penas produzcan un bien no por esto son siempre justas, porque para ser tales deben ser necesarias; y una injusticia útil no puede ser tolerada de un legislador, que quiere cerrar todas las puertas a la tiranía vigilante, que lisonjea con el bien de un momento y con la felicidad de algunos personajes esclarecidos, despreciando el exterminio futuro y las lágrimas de infinitos oscuros. Las confiscaciones ponen precio a las cabezas de los flacos: hacen sufrir al inocente la pena del reo, y conducen a los inocentes mismos a la desesperada necesidad de cometer los delitos. ¡Qué espectáculo más triste que una familia despeñada en el abismo de la miseria y de la infamia por los delitos de una cabeza, a quien la sumisión ordenada por las leyes sería impedimento que prohibiese el estorbarlos, aun cuando hubiese medios de ejecutarlo! (*bb*).

CAPÍTULO XXVI

DEL ESPÍRITU DE FAMILIA

Estas injusticias autorizadas y repetidas fueron aprobadas por los hombres aun más iluminados y ejercitadas en las repúblicas más libres por haber considerado la sociedad no como unión de hombres sino como unión de familias. Supongamos cien hombres o veinte mil familias, que cada una se componga de cinco personas, comprendida su cabeza que la representa. Si la sociedad está constituida por familias, habrá veinte mil hombres y ochenta mil esclavos: si lo está por hombres no habrá esclavo alguno, y sí, cien mil ciudadanos. En el primer caso habrá una república y veinte mil pequeñas monarquías; en el segundo, el espíritu republicano no sólo respirará en las plazas y juntas públicas de la nación, sino también entre las paredes domésticas, donde se encierra gran parte de la felicidad o de la miseria de los hombres. En el primer caso, como las leyes y las costumbres son el efecto de los principios habituales de los miembros de la república o de sus cabezas de familia, el espíritu monárquico se introducirá poco a poco en la república misma, y sus efectos se mantendrán sujetos en cuanto medien los intereses opuestos de cada uno; pero no por un dictamen que respire igualdad y libertad. El espíritu de familia es un espíritu de pormenor y limitado a cortos hechos: el regulador de las repúblicas, dueño de los principios generales, ve los hechos y los distribuye en las principales clases, e importantes al bien de la mayor parte. En la república de familias los hijos permanecen en la potestad del padre en cuanto vive y están obligados a esperar por sólo el medio de su muerte la existencia que dependa únicamente de las leyes. Acostumbrados a temer y rogar en la edad más sazonada y vigorosa, cuando los dictámenes están menos modificados por aquel temor de experiencia que se llama moderación, ¿cómo resistirán a los estorbos que el vicio opone siempre a la virtud en la edad cansada y descaecida, en que ninguna esperanza de ver los frutos se opone a vigorosas mutaciones?

Cuando la república es de hombres, la familia no es una subordinación de mando, sino de contrato; y los hijos al tiempo que la edad los saca de la dependencia de naturaleza por su flaqueza, necesidad de educación y defensa, vienen a ser miembros libres de la ciudad y se sujetan al cabeza de familia por participar sus ventajas como los hombres libres en las grandes sociedades. En el primer caso, los hijos, esto es, la más grande parte y la más útil de la nación, están a la discreción de los padres. En el segundo, no subsiste otro vínculo de mando que el sacro e inviolable de suministrarse recíprocamente los socorros necesarios, y el de la gratitud por los beneficios recibidos, que no es tan destruido de la malicia del corazón humano, cuanto de una mal entendida sujeción decretada por las leyes.

Semejantes contradicciones entre las leyes de familia y las fundamentales de la república son un manantial fecundo de otras entre la moral doméstica y la pública, de donde se origina un conflicto perpetuo en el ánimo de los hombres. La primera inspira sujeción y temor; la segunda, valor y libertad: aquélla enseña a limitar la beneficencia sobre un corto número de personas sin espontáneo escogimiento; ésta a dilatarla sobre toda clase de hombres; aquélla manda un continuo sacrificio de sí mismo a un ídolo vano, que se llama *bien de familia*, que muchas veces no es el bien de alguno que la compone, ésta enseña el modo de servir a los propios adelantamientos sin ofender las leyes, o excita para sacrificarse a la patria con el premio del fanatismo que prepara la acción. Tales contrastes hacen que los hombres se desdeñen de seguir la virtud, que encuentran oscurecida y confusa en aquella distancia que nace de las tinieblas de los objetos, tanto físicos como morales. ¡Cuántas veces un hombre, recordando sus acciones pasadas, queda atónito considerando que han sido poco honestas! Al paso que la sociedad se multiplica, cada miembro viene a ser más pequeña parte del todo; y la máxima republicana se disminuye en proporción si las leyes no cuidan de reforzarla. La sociedad, como los cuerpos humanos, tiene sus límites señalados; y creciendo más allá de ellos, la economía se desentona necesariamente. Parece que la masa de un Estado debe ser en razón inversa de la sensibilidad de quien la compone; porque de otra manera, aumentándose la una y la otra, las buenas leyes encontrarán al estorbar los delitos un impedimento en el bien mismo que ha producido; "porque hombres demasiado sensibles, ilustrados y numerosos, serían también muy difíciles de gobernar y contener".[4] Una república muy vasta no se libera del despotismo sino subdividiéndose y uniéndose en muchas repúblicas de alianza. ¿Pero cómo se conseguirá esto? Con un dictador despótico que tenga el valor de Sila, y tanto genio de edificar como él tuvo de destruir. A un hombre así, si fuere ambicioso, le espera la gloria de todos los siglos; si fuere filósofo, las bendiciones de sus ciudadanos le consolarán en la pérdida de su autoridad, aun cuando no fuese indiferente a su ingratitud. En proporción que las máximas de reunión se debilitan en la nación, se refuerzan las que hay por los objetos que nos rodean; y por esta razón, bajo el despotismo más fuerte, son las imitaciones más durables, y las virtudes de familia (siempre medianas) son las más comunes o más bien las únicas. De aquí puede cualquiera inferir cuán limitadas han sido las miras de la mayor parte de los legisladores.

---

[4] El abate Morellet ha señalado esta conclusión de frase, que aclara la idea de Beccaria, tal vez demasiado profunda. Pero, ¿es exacta?...

Capítulo XXVII

DULZURA DE LAS PENAS

Pero el curso de mis ideas me ha sacado de mi asunto, a cuya declaración debo sujetarme. No es la crueldad de las penas uno de los más grandes frenos de los delitos, sino la infalibilidad de ellas, y por consiguiente la vigilancia de los magistrados y aquella severidad inexorable del juez, que para ser virtud útil, debe estar acompañada de una legislación suave. La certidumbre del castigo, aunque moderado, hará siempre mayor impresión que el temor de otro más terrible, unido con la esperanza de la impunidad; porque los males, aunque pequeños, cuando son ciertos, amedrentan siempre los ánimos de los hombres; y la esperanza, don celestial que por lo común tiene lugar en todo, siempre separa la idea de los mayores, principalmente cuando la impunidad, tan conforme con la avaricia y la flaqueza, aumentan su fuerza. La misma atrocidad de la pena hace que se ponga más esfuerzo en eludirla y evitarla, cuanto es mayor el mal contra quien se combate, hace que se cometan muchos delitos para huir de la pena de uno solo. Los países y tiempos de los más atroces castigos fueron siempre los de más sanguinarias e inhumanas acciones, porque el mismo espíritu de ferocidad que guiaba la mano del legislador regía la del parricida y del matador: sentado en el trono dictaba leyes de hierro para almas atroces de esclavos que obedecían; en la oscuridad privada estimulaban a sacrificar tiranos para crear otros de nuevo.

Al paso que los castigos son más crueles, los ánimos de los hombres que, como los fluidos, se ponen a nivel con los objetos que los rodean, se endurecen; y la fuerza siempre viva de las pasiones es causa de que al fin de cien años de castigos crueles la rueda se tema tanto como antes la prisión (*cc*). Para que una pena obtenga su efecto basta que el mal de ella exceda al bien que nace del delito; y en este exceso de mal debe ser calculada la infalibilidad de la pena y la pérdida del bien que el delito produciría. Todo lo demás es superfluo y por tanto tiránico. Los hombres se arreglan por la repetida acción de los males que conocen y no por la de aquellos que ignoran. Supongamos dos naciones, y que la una en la escala de penas proporcionadas a la escala de delitos venga determinada por la pena mayor la esclavitud perpetua, y la otra la rueda; yo afirmo que la primera tendrá tanto temor de su mayor pena con la segunda; y si hay razón para transferir a la primera las penas de la segunda, la misma razón servirá para acrecentar las penas de esta última, pasando insensiblemente desde la rueda a los tormentos más lentos y estudiados y hasta los más exquisitos que inventó la ciencia demasiado conocida de los tiranos.

Otras dos consecuencias funestas y contrarias al fin mismo de estorbar los delitos se derivan de la crueldad de las penas. La primera, que no es tan fácil guardar la proporción esencial entre el *delito* y la *pena*; porque sin embargo de que una crueldad industriosa haya variado mucho sus especies, no pueden éstas nunca pasar más allá de aquella última fuerza a que está limitada la organización y sensibilidad humana. Y habiendo llegado a este extremo, no se encontraría pena mayor correspondiente a los delitos más dañosos y atroces, como era necesaria para estorbarlos. La otra consecuencia es que la impunidad misma nace de la atrocidad de los castigos. Los hombres están reclusos entre ciertos límites, tanto en el bien como en el mal; y un espectáculo muy atroz para la humanidad podrá ser un furor pasajero, pero nunca un sistema constante, cual deben ser las leyes, que si verdaderamente son crueles, o se mudan, o la impunidad fatal nace de ellas mismas (*dd*).

¿Quién, al leer las historias, no se llena de horror contemplando los bárbaros e inútiles tormentos que con ánimo frío fueron inventados y ejecutados por hombres que se llamaban sabios? ¿Quién podrá no sentir un estremecimiento interior y doloroso al ver millares de infelices a quienes la miseria (o querida, o tolerada de las leyes, que siempre han favorecido a los pocos y abatido a los muchos) obligó y condujo a un retroceso desesperado sobre el primer estado de naturaleza, o acusados de delitos imposibles y fabricados por la temerosa ignorancia, o reos sólo de ser fieles a los propios principios, despedazados con supuestas formalidades y pausados tormentos por hombres dotados de los mismos sentidos, y por consiguiente de las mismas pasiones, agradable espectáculo de una muchedumbre fanática?

CAPÍTULO XXVIII

DE LA PENA DE MUERTE

Esta inútil prodigalidad de suplicios, que nunca ha conseguido hacer mejores a los hombres, me ha obligado a examinar si es la muerte verdaderamente útil y justa en un gobierno bien organizado. ¿Qué derecho pueden atribuirse éstos para despedazar a sus semejantes? Por cierto no el que resulta de la soberanía y de las leyes. ¿Son éstas más que una suma de cortas porciones de libertad de cada uno, que representan la voluntad general como agregado de las particulares? ¿Quién es aquel que ha querido dejar a los otros hombres el arbitrio de hacerlo morir? ¿Cómo puede decirse que en el más corto sacrificio de la libertad de cada particular se halla aquél de la vida, grandísimo entre todos los bienes? *(ee)* Y si fue así hecho este sacrificio, ¿cómo se concuerda tal principio con el otro, en que se afirma que el hombre no es dueño de matarse? Debía de serlo, si es que pudo dar a otro, o a la sociedad entera, este dominio.

No es, pues, la pena de muerte *derecho*, cuando tengo demostrado que no puede serlo: es sólo una guerra de la nación contra un ciudadano, porque juzga útil o necesaria la destrucción de su ser. Pero si demostrare que la pena de muerte no es útil ni necesaria, habré vencido la causa en favor de la humanidad.

Por sólo dos motivos puede creerse necesaria la muerte de un ciudadano: el primero, cuando aun privado de libertad, tenga tales relaciones y tal poder, que interese a la seguridad de la nación; cuando su existencia pueda producir una revolución peligrosa en la forma de gobierno establecida. Entonces será su muerte necesaria, cuando la nación recupera o pierde la libertad; o en el tiempo de la anarquía, cuando los mismos desórdenes tienen lugar de leyes; pero durante el reino tranquilo de éstas en una forma de gobierno, por la cual los votos de la nación estén reunidos, bien prevenida dentro y fuera con la fuerza y con la opinión, acaso más eficaz que la misma fuerza, donde el mando reside sólo en el verdadero soberano, donde las riquezas compran placeres y no autoridad, no veo yo necesidad alguna de destruir a un ciudadano, a menos que su muerte fuese el verdadero y único freno que contuviese a otros y los separase de cometer delitos; segundo motivo porque se puede creer justa y necesaria la muerte de un ciudadano.

Cuando la experiencia de todos los siglos, en que el último suplicio no ha contenido los hombres determinados a ofender la sociedad: cuando el ejemplo de los ciudadanos romanos y veinte años de reinado que logró la emperatriz Isabel de Moscovia, en que dio a los padres de los pueblos este ilustre dechado, que equivale cuando menos a muchas conquistas, compradas con la sangre de los hijos de la Patria, no persuadiesen a los hombres, que siempre tienen por sospechoso el lenguaje de la razón y por eficaz el de la autoridad; basta consultar su naturaleza misma para conocer la verdad de mi aserción.

No es lo intenso de la pena lo que hace el mayor efecto sobre el ánimo de los hombres, sino su extensión; porque a nuestra sensibilidad mueven con más facilidad y permanencia las continuas, aunque pequeñas impresiones, que una u otra pasajera y poco durable, aunque fuerte. El imperio de la costumbre es universal sobre todo ente sensible, y como por su enseñanza el hombre habla y camina y provee a sus necesidades, así las ideas morales no se imprimen en la imaginación sin durables y repetidas percusiones. No es el freno más fuerte contra los delitos el espectáculo momentáneo, aunque terrible, de la muerte de un malhechor, sino el largo y dilatado ejemplo de un hombre que, convertido en bestia de servicio y privado de libertad, recompensa con sus fatigas aquella sociedad que ha ofendido. Es eficaz, porque con la vista continua de este ejemplo resuena incesantemente alrededor de nosotros mismos el eco de esta sentencia: *Yo también seré reducido a tan dilatada y miserable condición si cometiere semejantes delitos.* Es mucho más poderosa que la idea de la muerte, que los hombres miran siempre a una distancia muy confusa.

La pena de muerte hace una impresión que con su fuerza no suple al olvido pronto, natural en el hombre, aun en las cosas más esenciales, y acelerado con la fuerza de las pasiones. Regla general: las pasiones violentas sorprenden los ánimos, pero no por largo tiempo; y por esto son a propósito para causar aquellas revoluciones que de hombres comunes hacen los persas o lacedemonios; pero en un gobierno libre y tranquilo las impresiones deben ser más frecuentes que fuertes.

La pena de muerte es un espectáculo para la mayor parte, y un objeto de compasión mezclado con desagrado para algunos: las resultas de estos diferentes dictámenes ocupan más el ánimo de los concurrentes que el terror saludable que la ley pretende inspirar. Pero en las penas moderadas y continuas el dictamen dominante es el último, porque es el único. El límite que debería fijar el legislador al rigor de la pena parece que consiste en el principio de compasión, cuando empieza éste a prevalecer sobre toda otra cosa en el ánimo de los que ven ejecutar un suplicio, más dispuesto para ellos, que para el reo.

Para que una pena sea justa no debe tener lo intenso de ella más que aquellos grados que basten a separar a los hombres de los delitos: ahora no hay alguno que con reflexión pueda escoger la total y perpetua pérdida de la libertad propia por un delito, sea ventajoso cuanto se quiera: luego lo intenso de la pena, que existe en la esclavitud perpetua, sustituido a la pena de muerte, tiene lo que basta para separar cualquier ánimo determinado (*ff*). Añado que tiene más: muchísimos miran la muerte con una vista tranquila y entera; quien por fanatismo, quien por vanidad, que casi siempre acompaña al hombre más allá del sepulcro; quien por un esfuerzo último y desesperado, o de no vivir, o salir de la miseria; pero ni el fanatismo ni la vanidad están entre los cepos y las cadenas, bajo el azote, bajo el yugo, en una jaula de hierro, y el desesperado no acaba sus males si no los principia. Nuestro ánimo resiste más bien a la violencia y dolores extremos, si son breves, que al tiempo y enojo incesante; porque él puede (por decirlo así) reunirse todo en sí mismo por un momento para sufrir los primeros; pero su vigorosa elasticidad no es bastante a contrarrestar la repetida acción de los segundos. Cualquier ejemplo que se da a la nación con la pena de muerte supone un delito: en la pena de esclavitud perpetua, un solo delito da muchísimos y durables ejemplos; y si es importante que los hombres vean de continuo el poder de las leyes, no deben las penas de muerte ser muy distantes entre ellos, sino continuas; luego suponen la frecuencia de los delitos. Luego para que este suplicio sea útil es necesario que no haga sobre los hombres toda la impresión que debería hacer, esto es, que sea útil e inútil al mismo tiempo. Si se me dijese que la esclavitud perpetua es tan dolorosa, y por tanto igualmente cruel que la muerte, responderé que sumando todos los movimientos infelices de la esclavitud lo será aún más; pero éstos se reparten sobre la vida y aquélla ejercita toda su fuerza en un momento; y en esto se halla la ventaja de la pena de esclavitud, que atemoriza más a quien la ve que a quien la sufre; porque el primero considera todo el complejo de momentos infelices, y el segundo está distraído de la infelicidad del momento futuro con la del presente. Todos los males se acrecientan en la imaginación y quien los sufre encuentra recursos y consuelos no conocidos ni creídos de los que los observan, porque sustituyen la sensibilidad propia al ánimo endurecido del infeliz.

He aquí, poco más o menos, el razonamiento que hace un ladrón o un asesino cuando sólo tiene por contrapeso para no violar las leyes, la horca o la rueda. Bien sé que desenredar y aclarar los dictámenes interiores del propio ánimo es un arte que se aprende con la educación; pero estos principios no obran menos en un malhechor porque no sepa explicarlos. *¿Cuáles son* (dice) *estas leyes que yo debo respetar, que dejan tan grande diferencia entre mí y el rico? Él me niega un dinero que le pido, y se excusa con mandarme un trabajo que no conoce. ¿Quién ha hecho estas leyes? Hombres ricos y poderosos que no se han dignado ni aun visitar las miserables chozas de los pobres, que nunca han dividido un pan duro y enmohecido entre los inocentes gritos de los hambrientos hijuelos y las lágrimas de la mujer. Rompamos estos vínculos, ¡fatales a la mayor parte! y útiles a algunos pocos e indolentes tiranos; acometamos la injusticia en su origen; volveré a mi primer estado de independencia natural: viviré libre y feliz por algún tiempo con los frutos de mi valor y de mi industria; vendrá acaso el día del dolor y del arrepentimiento, pero será breve este tiempo y tendré uno de calamidad por muchos de libertad y de placeres. Rey de un corto número, corregiré los errores de la fortuna y veré a estos tiranos palpitar y cubrirse la palidez en presencia de aquel que con un insultante orgullo pos-*

ponían a sus caballos y a sus perros. Acude entonces la religión al entendimiento del malvado, que abusa de todo; y presentándole un fácil arrepentimiento y una cuasi certidumbre de felicidad eterna, le disminuye en gran parte el horror de aquella última tragedia.

Pero aquel que ve delante de sus ojos un gran número de años, o todo el curso de su vida, que pasaría en la esclavitud y en el dolor a la vista de sus conciudadanos, con quienes vive libre y sociable, esclavo de aquellas leyes de quien era protegido, hace una comparación útil en todo esto con la incertidumbre del éxito de sus delitos y con la brevedad del tiempo que podría gozar sus frutos. El ejemplo continuo de aquellos que actualmente ve víctimas de su propia imprudencia le hace una impresión mucho más fuerte que el espectáculo de un suplicio; porque éste lo endurece más que lo corrige.

No es útil la pena de muerte por el ejemplo que da a los hombres de atrocidad (*gg*). Si las pasiones o la necesidad de la guerra han enseñado a derramar la sangre humana, las leyes, moderadoras de la conducta de los mismos hombres, no debieran aumentar este fiero documento, tanto más funesto, cuanto la muerte legal se da con estudio y pausada formalidad. Parece un absurdo que las leyes, esto es, la expresión de la voluntad pública, que detestan y castigan el homicidio, lo cometan ellas mismas; y para separar a los ciudadanos del intento de asesinar, ordenen un público asesinato. ¿Cuáles son las verdaderas y más útiles leyes? Aquellos pactos y aquellas condiciones que todos querrían observar y proponer, mientras calla la voz (siempre escuchada) del interés privado, o se combina con la del público. ¿Cuáles son los dictámenes de cada particular sobre la pena de muerte? Leámoslos en los actos de indignación y desprecio con que miran al verdugo, que en realidad no es más que un inocente ejecutor de la voluntad pública, un buen ciudadano que contribuye al bien de todos, instrumento necesario a la seguridad pública interior, como para la exterior son los valerosos soldados (*hh*). ¿Cuál, pues, es el origen de esta contradicción? ¿Y por qué es indeleble en los hombres esta máxima, en desprecio de la razón? Porque en lo más secreto de sus ánimos parte que, sobre toda otra, conserva aun la forma original de la antigua naturaleza, han creído siempre que nadie tiene potestad sobre la vida propia, a excepción de la necesidad que con su cetro de hierro rige el universo.

¿Qué deben pensar los hombres al ver los sabios magistrados y graves sacerdotes de la justicia, que con indiferente tranquilidad hacen arrastrar un reo a la muerte con lento aparato; y mientras este miserable se estremece en las últimas angustias, esperando el golpe fatal, pasa el juez con insensible frialdad (y acaso con secreta complacencia de la autoridad propia), a gustar las comodidades y placeres de la vida? ¡*Ah* (dirán ellos), *estas leyes no son más que pretextos de la fuerza*; *y las premeditadas y crueles formalidades de la justicia son solo un lenguaje de convención para sacrificarnos con mayor seguridad como víctimas destinadas en holocausto al ídolo insaciable del despotismo.*

El asesinato, *que nos predican y pintan como una maldad terrible*, *lo vemos prevenido y ejecutado aun sin repugnancia y sin furor. Prevalgámonos del ejemplo. Nos parecía la muerte violenta una escena terrible en las descripciones que de ella nos habían hecho*; *pero ya vemos ser negocio de un instante.* ¡*Cuánto menos terrible será en quien no esperándola se ahorra casi todo aquello que tiene de doloroso*! Tales son los funestos paralogismos que, si no con claridad, a lo menos confusamente, hacen los hombres dispuestos a cometer los delitos, en quienes, como hemos visto, el abuso de la religión puede más que la religión misma.

Si no me opusiese como ejemplo el que han dado casi todas las naciones y casi todos los siglos, decretando pena de muerte sobre algunos delitos, responderé que éste se desvanece a la vista de la verdad, contra la cual no valen prescripciones; que la historia de los hombres nos da idea de un inmenso piélago de errores, entre los cuales algunas pocas verdades, aunque muy distantes entre sí, no se han sumergido. Los sacrificios humanos fueron comunes a casi todas las naciones. ¿Y quién se atreverá a excusarlos? Que algunas pocas sociedades se hayan abstenido solamente, y por poco tiempo, de imponer la pena de muerte, me es más bien favorable que contrario; porque es conforme a la fortuna de las grandes verdades, cuya duración no es más que un relámpago en comparación de la larga y tenebrosa noche que rodea a los hombres. No ha llegado aún la época dichosa en que la verdad, como hasta ahora el error, tenga de su parte el mayor número; y de esta ley universal no vemos se hayan exceptuado sino sólo aquellas que la sabiduría infinita ha querido separar de las otras, revelándolas (*ii*).

La voz de un filósofo es muy flaca contra los tumultos y gritería de tantos a quienes guía la ciega costumbre; pero los pocos sabios que hay esparcidos en los ángulos de la tierra me la recibirán y oirán en lo íntimo de su corazón; y si la verdad, a pesar de los infinitos estorbos que la desvían de un monarca, pudiese llegar hasta su trono, sepa que la que propongo va acompañada con la aprobación secreta de todos los hombres: sepa que callará a su vista la fama sanguinaria de los conquistadores, y que la posteridad justa le señala el primer lugar entre los pacíficos trofeos de los Titos, de los Antoninos y de los Trajanos.

Feliz la humanidad, si por primera vez se la dictasen leyes ahora que vemos colocados sobre los tronos de Europa benéficos monarcas, padres de sus pueblos, animadores de las virtudes pacíficas, de las ciencias y de las artes. Ciudadanos coronados, cuyo aumento de autoridad forma la felicidad de los súbditos, porque deshace aquel despotismo intermedio, más cruel por menos seguro, con que se sofocaban los votos siempre sinceros del pueblo, y siempre dichosos, cuando pueden llegar al trono. Si ellos, digo, dejan subsistir las antiguas leyes, nace esto de la infinita dificultad que hay en quitar de los errores la herrumbre venerable de muchos siglos, siendo un motivo para que los ciudadanos iluminados deseen con mayor ansia el continuo acrecentamiento de su autoridad (*jj*).

SUPLEMENTO AL CAPÍTULO XXVIII

CONSIDERACIONES SOBRE LA PENA DE MUERTE[5]

Por el señor conde RŒDERER

Todo cuanto se ha escrito hasta ahora sobre la pena de muerte se puede reducir a las dos cuestiones siguientes: ¿Puede ésta atacar los derechos inalienables de la naturaleza humana? – ¿Es solamente útil, o es necesaria a la sociedad? – Examinemos separadamente estas cuestiones.

§ I.—La primera, de si la pena de muerte es o no contraria a los derechos inalienables del hombre, puede ser presentada en estos términos: ¿Tiene la sociedad, o más bien la mayoría de miembros de un Estado, el derecho de instituir la pena de muerte? Así es, poco más o menos, como Beccaria, Diderot y Rousseau se la han propuesto.

Los dos sistemas recibidos sobre esto están conocidos.

El vulgo por toda razón no tiene más que una palabra: y es *el que mata merece la muerte*, y su máxima la de que *la ley del talión es la más justa de todas.* Beccaria y algunos otros que piensan como él sostienen al contrario que la pena de muerte no puede ser impuesta por la sociedad, en atención a que cada individuo no ha querido sacrificar más que la porción más pequeña que le ha sido posible de su libertad, para garantía de los demás, y *que en los sacrificios más pequeños de la libertad de cada uno no puede hallarse el de la vida, que es el mayor de todos los bienes.* Examinemos bien estas dos opiniones.

---

[5] Extractadas del núm. 28 del *Diario de Economía Pública*, etc., y nuevamente corregidas por el autor.

Es una máxima que *aquel que mata es digno de muerte*; pero se puede también decir con tanta verdad: *aquel que hace bien a los hombres, es digno de que los hombres le hagan bien*. Sin embargo, como la sociedad no ordena, por sus leyes, la justa recompensa y gratitud que se deben a los beneficios, por la misma razón no debe tampoco mandar, y debe aun menos ejercer las justas represalias en las ofensas. La bondad o la maldad intrínseca de las acciones no es el objeto de las leyes. Éstas no tienen en consideración más que las ventajas o perjuicios que estas acciones procuran a la sociedad, y la necesidad que hay de su auxilio para favorecer las unas e impedir las otras; de manera que nada tienen que hacer contra las más odiosas, si no dañan a la sociedad ni aun contra las acciones más nocivas, como haya medios suficientes para impedirlas.

La explicación de este sistema es muy simple. En primer lugar, la ley del talión no es otra cosa más que el derecho de venganza, y éste un derecho de guerra: es así para salir del estado de guerra, que es el natural de los hombres salvajes, y salvarse de las penas y peligros a los cuales ella expone, que se han formado una sociedad, la que, como dice Rousseau (*Contrato Social*, cap. 6.), es un cuerpo moral y colectivo, una persona pública formada de la unión de todas las demás, que tiene su *yo*, su vida y su voluntad; luego, en el estado social, el individuo renuncia al derecho de venganza personal, y a la ley del talión.

Pero, cuando se despoja de ello, ¿es a la sociedad a quien lo confía? No. ¿Y por qué? Por la razón de que cuando contrae la unión social, corre también peligro; y que puede ser, así como todo el mundo no ha visto casi otra cosa, que esta unión social no sirva más que para dar a mayor número de hombres un medio más seguro y más constante para oprimir. Es claro que si cada uno hubiese dado a esta sociedad el derecho y el poder de hacer, con la policía y la fuerza pública, todo lo necesario para contentar a lo menos todas las pasiones legítimas de los individuos, habría dado en esto el medio de destruir todos sus derechos y descuidar todas sus necesidades. De modo que, para que el estado social no llegue a ser más dañoso al individuo que el estado de la naturaleza, éste le ha limitado los derechos y los poderes con el arreglo necesario para la defensa de la asociación. Luego, el interés de la conservación general, y no el derecho de la venganza particular ni el de la malicia intrínseca de las acciones, es el título que tiene la sociedad para castigar, y la medida de las penas que puede imponer. Entonces, *la ley del talión no es una ley social*; y la máxima: *quien mata es digno de muerte*, no es más que una *apreciación moral* del crimen de homicidio, cuya *opinión* sola, y no la autoridad pública, puede ser el órgano y hacer la aplicación.

Y si la sociedad establece la pena de muerte contra el crimen de *muerte*, ¿se pretenderá acaso que es para ejercer su propia venganza más bien que para saciar la del particular? ¿Se podrá decir por esto que castiga de muerte al asesino porque éste la ha dado al cuerpo social? Negaré, como falsa suposición, que el asesino que quita la vida a un hombre mata a la sociedad; y diré que la muerte de un hombre la alarma sin duda enteramente, pero que no la destruye.

Veamos pues la opinión opuesta. En esto, no haremos más que copiar a los ilustres escritores que hemos ya citado.

"¿Cuál puede ser —dice Beccaria (cap. 16)—, este derecho que los hombres se arrogan de degollar a sus semejantes? No será por cierto aquel sobre el cual están fundadas la soberanía y las leyes. Éstas no son más que la suma de las más pequeñas porciones de libertad que cada particular ha podido ceder; pero representan la voluntad general, que es el conjunto de todas las voluntades particulares. ¿Y quién entonces ha querido dar nunca a los demás hombres el *derecho* de quitarle la vida? ¿Cómo, en los más pequeños sacrificios de la libertad individual, se puede hallar comprometido el de la vida, siendo el mayor de todos los bienes? Y si esto fuese así, ¿cómo se podría conciliar este principio con esta otra máxima: *el fiambre no tiene el derecho de matarse él mismo*; derecho que ha debido tener, si ha podido darlo a otros o a la sociedad? Luego resulta el que la pena de muerte no está autorizada por ningún derecho."

Ya se ha visto la nota que Diderot ha hecho sobre este pasaje.

La opinión de Rousseau se conforma a la de Diderot.

"Es —dice (*Contrato Social*, lib. II, cap. 5)—, por no ser víctima de un asesino, que si se llega a serlo se consiente en morir. En vista de este pacto lejos de disponer de su propia vida, no se piensa más que en salvarla; y no es de presumir que ninguno de los contratantes premedite entonces en hacerse ahorcar."

Nada hay que añadir a estas refutaciones, porque son victoriosas. Beccaria, como se ve, está fundado en estos principios; pero supone falsamente que es consentir al sacrificio de su vida el suscribir al establecimiento de la pena de muerte. Se le niega esta suposición y su argumento pierde toda su fuerza.

Podía muy bien haber propuesto una observación más especiosa, sólo habiendo dicho: la prueba legal de todo delito puede ser falsa y aparente, y los jueces aplicarla sobre unos débiles indicios; o bien, a pesar de las pruebas de inocencia, la institución de la pena de muerte es para todos los ciudadanos un peligro tal, que el interés de su conservación no les permite exponerse a ella.

Pero esta proposición no estaría libre de toda respuesta. Si el riesgo de ser condenado inocentemente pareciese menor que el de ser atacado y destruido en la vida salvaje, y que fuese necesario para preservarse de éste, sería muy conforme al interés de la conservación el preferir el primero. El mismo Beccaria, por una contradicción que la rectitud de su lógica habitual hace parecer muy extraña, reconoce que *la muerte de un ciudadano puede ser necesaria, cuando privado de su libertad tiene todavía relaciones y un poder que pueden turbar la tranquilidad de una nación.*

Volvamos, pues, a la proposición de que la pena de muerte no tiene nada de contrario al derecho que cada hombre tiene en conservar su vida.

Pero decir que la institución de muerte no es absolutamente ilegítima, no es decir por esto que sea siempre legítima, aun contra los crímenes capitales; para que lo sea, es menester que sea también o muy necesaria o inminentemente útil. Veamos pues la segunda cuestión.

§ II.—Si *la pena de muerte es necesaria o a lo menos útil.* No lo creo de ningún modo; y me fundaré sobre unos hechos que cada cual puede verificar.

Un sinnúmero de robos, y muchos más que delante del Pilori, donde había menos gente reunida, se han cometido en la plaza de Grève, bajo el cadalso, al tiempo mismo en que ataban en él a los ladrones.

De un siglo a esta parte, la pena de muerte contra la deserción ha sido abolida y restablecida muchas veces; y el número de desertores ha sido siempre el mismo tanto en los periodos de su abolición como en los de su restablecimiento.

Francisco I hizo leyes de sangre contra el robo con fractura. Éstas no han sido revocadas hasta la revolución; pero desde unos veinte años a esta parte, los jueces no las aplicaban más que para el robo con fractura exterior y nocturno. Al final del siglo pasado y principios de éste, los robos con fractura interior, como también los demás han sido infinitamente más comunes que después.

En 1724 se aplicó la pena de muerte al robo doméstico, el cual fue más frecuente mientras que la ley se ejecutó. Hace treinta años que ha llegado a ser más raro, desde cuyo tiempo no se castigaba a penas más que como robo simple.

En fin, se ha visto en tiempos de facción, conspirar bajo el cadalso al tiempo de caer de él las cabezas de los conspiradores o sediciosos; así como en tiempos de amnistía o de olvido, se ha visto también que todo volvía a entrar en el orden y en el deber.

Estos ejemplos, a los cuales se podrían añadir otros muchos, prueban tres cosas: la primera, que la pena de muerte no impide el crimen cuando las costumbres o las circunstancias inclinan a él; la segunda, que la dulzura de las penas es más propia para disminuirle que para multiplicarle cuando además nada hay que obligue a cometerlo; la tercera, que las leyes demasiado rigurosas favorecen el crimen más que reprimirlo, cuando hacen temer el cometer, por la acusación, otro más grande que aquel que se quisiera acusar y comprometer su reputación en perseguir la satisfacción de un perjuicio inferior a la pérdida del honor.

Luego la seguridad y tranquilidad de los ciudadanos descansan más sobre las costumbres y circunstancias de un Estado, que sobre las leyes penales: adonde hay buenas costumbres, no hay necesidad de leyes crueles; donde aquéllas sean malas éstas no tendrán fuerza contra el crimen, y, en todos los casos, siempre son peligrosas.

El grande arte de la policía de seguridad, que debe ser el suplemento de las costumbres, no consiste, aunque lo digan, en la justa medida de las penas, pero sí en la perfección de los medios de impedir la impunidad de los culpables. El temor de tal o tal pena, no puede entrar en el alma sino con el de ser cogido y convencido del crimen; y el rigor de la pena es evidentemente indiferente, si su aplicación no es, a lo menos, probable. ¿Qué le importa este rigor a quien espera sustraerse a la justicia? ¿Qué caso hace diario, que cuenta ante todas las cosas el no ser nunca cogido? Pero si el temor de ser arrestado y convicto se le presenta con fuerza, él solo basta para desviarle del crimen, aunque no tuviese por consecuencias más pena que la privación de los beneficios que de él se esperaban.

Es de toda experiencia que nadie se determina a hacer una acción penosa si no es por la esperanza de sacar de ella un partido ventajoso: luego, si ésta falta, aquélla no tendrá efecto; y por poco que la razón de temer el más leve daño se agregue a esta circunstancia, hay ya en el alma más motivos que se necesitan para desviarla de la acción. Entonces, una acción criminal es por lo regular penosa y a veces peligrosa. Luego, para cometer un crimen ha de haber la esperanza de un beneficio y la no aprehensión de un daño; también es claro que cuando un malvado comete una acción criminal, parte ya de la suposición de que no será descubierto, y que si lo es, la pena que tendría que sufrir no entra en nada en sus cálculos, que es inútil el que ésta sea excesiva; y en fin, si hay una policía tan exacta que la esperanza del beneficio encuentre acceso en el alma del malhechor y que el temor de una pena cualquiera entre siempre en ella con la idea de un crimen, por débil que esta pena sea, bastará para evitar que le cometa.

Lo que al parecer ha contribuido para que se atribuya a las penas capitales un efecto que ellas no producen es que al momento de su promulgación, la autoridad pública pone un poco más de actividad en las pesquisas de los crímenes, su principal objeto, y en el descubrimiento de los culpables y malvados, a quienes esta actividad desconcierta y embaraza.

Como las objeciones hechas contra la abolición de la pena de muerte han sido refutadas, no respondo a ninguna. Quiero, más bien, y no es menos útil, refutar las malas razones con las cuales se ha sostenido la utilidad de esta abolición. Hay muy pocas cuestiones en que refutando más a sus amigos que a sus adversarios no se sirva mejor su propia causa.

En la asamblea constituyente se ha dicho —y es, según creo,

Lepelletier-Saint-Fargeau—, que la sociedad no debe hacer una pena de un evento cuya naturaleza ha hecho una condición de la naturaleza humana; que era menester habituar a los hombres a ver la muerte con sangre fría, y por consiguiente no colocarla entre los suplicios.

Ésta es una mala objeción: se podría hacer muy bien contra toda clase de castigos. Se pudiera decir: la naturaleza nos ha hecho para trabajar, ¿pues, por qué hemos de hacer del trabajo el castigo de un criminal? La naturaleza nos ha destinado para morir, pero no de una muerte violenta. La que ella nos da es dulce; la que la ley impone, cruel. La naturaleza nos separa poco a poco de la vida por la vejez, y por la enfermedad nos desune de todos nuestros afectos. La cuchilla de la ley penal arranca la existencia aun en medio de las delicias y del goce de posesiones. La naturaleza nos adormece, y la cuchilla de la ley mata desgarrando.

Lepelletier ha llegado hasta a decir, según creo, que la ley no debía poner en horror de muerte a ningún ciudadano porque la patria necesitaba que la viese con desprecio... ¡Cuánta desgracia sería para un Estado, si los ciudadanos menospreciasen la vida!... El que desprecia la vida no tiene ni patria ni familia. Una república compuesta sólo de beatos, que han fijado toda su felicidad en la contemplación de otra vida y que se entretiene en el odio de ésta, es una república muy triste. ¿Qué sacrificio harían pues, o serían capaces de hacer, por una existencia que fuese inapreciable? ¿A dónde se hallaría una palanca bastante capaz de mover a estos hombres, o más bien, a estas máquinas?...

La sociedad necesita, es muy cierto, que el ciudadano esté pronto a sacrificar su vida cuando el interés del Estado lo exige. Esto quiere decir que debe amar de tal manera al Estado, que la vida debe serle insoportable si no ha hecho todo lo que podía por él. Todo esto significa que sepa sacrificar su vida por su propia felicidad; morir antes que saber padecer en el envilecimiento o en la adversidad; amar totalmente la vida dichosa y noble, que sepa quitarla cuando ella deje de serlo.

Dejaré pues, sin colocar las observaciones de Saint-Fargeau, entre los motivos que deben determinar por anular la pena de muerte. Bastante hay con lo que he dicho, y sobre todo con lo que han dicho antes que yo, para determinar su abolición. Podría aun concluir de lo que llevo expresado, que toda pena *aflictiva* es tanto menos necesaria, cuanto los medios de descubrir toda clase de crimen o de prevenirlo están más perfeccionados. Rousseau y Diderot concuerdan con Beccaria en pensar que la frecuencia de los suplicios y sus rigores son siempre unas señales de debilidad o de desidia en el gobierno, de modo que, a pesar del derecho que cada individuo tiene de suscribir a la pena de muerte, una sociedad bien organizada no debe establecerla.

Yo no conozco más que un caso por el cual la pena de muerte sea necesaria, que Beccaria ha exceptuado él mismo de la clemencia de las leyes, y es el siguiente: Si un conspirador, o un jefe de facción acusado, tuviese unas relaciones y un poder capaces de turbar la tranquilidad pública y de producir una revolución en la forma del gobierno establecido. Pero este caso es demasiado accidental, y no tiene nada de común con los crímenes ordinarios, ni aun con las tentativas de los facciosos de segundo orden, ni con las de los cómplices subalternos de una conspiración. Quitad a éstos su jefe, y tened una buena policía, nada tendréis que temer.

Capítulo XXIX
DE LA PRISIÓN

Un error no menos común que contrario al fin social, que es la opinión de la propia seguridad, nace de dejar al arbitrio del magistrado, ejecutor de las leyes, encarcelar a un ciudadano, quitar la libertad a un enemigo con pretextos frívolos, y dejar sin castigo a un amigo con desprecio de los indicios más fuertes que le descubren reo. La prisión es una pena que por necesidad debe, a diferencia de las demás, preceder a la declaración del delito; pero este carácter distintivo suyo no le quita el otro esencial, esto es, que sólo la ley determine los casos en que el hombre es digno de esta pena. La ley, pues, señalará los indicios de un delito que merezca la prisión de un reo, que lo sujeten al examen y a la pena. La fama pública, la fuga, la confesión extrajudicial, la de un compañero en el delito, las amenazas y constante enemistad con el ofendido, el cuerpo del delito y otros semejantes son pruebas suficientes para encarcelar a un ciudadano; pero estas penas deben establecerse por la ley, no por los jueces, cuyos decretos siempre se oponen a la libertad política cuando no son proposiciones particulares de una máxima general existente en el códice. En proporción que se moderen las penas, que se quiten de las cárceles la suciedad y el hambre, que la compasión y la humanidad penetren las puertas de hierro y manden a los inexorables y endurecidos ministros de la justicia, podrán las leyes para encarcelar contentarse con indicios menores. Un hombre acusado de un delito, preso y absuelto, no debiera retener nota alguna de infamia. ¡Cuántos romanos, acusados de gravísimos delitos, habiendo justificado su inocencia fueron reverenciados del pueblo y honrados con las magistraturas! ¿Pues por qué razón es tan diverso en nuestros tiempos el éxito de un inocente? Porque parece que en el presente sistema criminal, según la opinión de los hombres, prevalece la idea de la fuerza y de la prepotencia a la de la justicia; porque se arrojan confundidos en una misma caverna los acusados y los convencidos; porque la prisión es más bien un castigo que una seguridad del reo; y porque la fuerza, interior defensora de las leyes, está separada de la exterior defensora del trono y de la nación, siendo que deberían obrar unidas. Así la primera, por medio del apoyo común de las leyes, estaría combinada con la facultad judicial mas no dependiente de ella, con inmediata potestad; y la gloria que acompaña la pompa y el fausto de un cuerpo militar quitarían la infamia, fija (como todos los dictámenes vulgares) más en el modo que en la cosa; pues está probado que las prisiones militares no son tan infamativas, en la opinión común, como las judiciales ordinarias (*kk*). Duran aún en el pueblo, en las costumbres y en las leyes, inferiores siempre más de un siglo en bondad a las luces actuales de una nación; duran aún las impresiones bárbaras y las ideas feroces de nuestros padres los conquistadores septentrionales.

Algunos han sostenido que un delito, esto es, una acción contraria a las leyes, cométase donde quiera, puede ser castigado en cualquier parte: como si el carácter de súbdito fuese indeleble, es decir, sinónimo, aun peor que el de esclavo: como si uno pudiese ser súbdito de un dominio y habitar en otro, y que sus acciones pudiesen, sin contradicción, estar subordinadas a dos soberanos y a dos códices, por lo común contradictorios. Igualmente creen algunos que una acción cruel hecha, por ejemplo, en Constantinopla, pueda ser castigada en París, fundados en la razón abstracta de que quien ofende la humanidad merece tener toda la humanidad por enemiga, y el aborrecimiento universal; como si los jueces fuesen vengadores de la sensibilidad de los hombres, y no más bien de los pactos que los ligan entre sí. El lugar de la pena es el lugar del delito; porque allí sólo se ven precisados los hombres a ofender un particular para evitar la ofensa pública. Un malvado, pero que no ha roto los pactos de una sociedad de que no era miembro, puede ser temido y por tanto desterrado y excluido, en virtud de la fuerza superior de la sociedad, pero no castigado con la formalidad de las leyes, que son vengadoras de los pactos, no de la malicia intrínseca de las acciones.

Los que son reos de delitos no muy graves suelen ser castigados o en la oscuridad de una prisión, o remitidos a dar ejemplo con una distante y por tanto inútil esclavitud, a naciones que no han ofendido. Si los hombres no se mueven en un momento a cometer los delitos más graves, la pena pública de una gran maldad será considerada por la mayor parte como extraña e imposible de acontecerle; pero la pena pública de delitos más ligeros y a que el ánimo está más vecino, hará una impresión que desviándolo de éstos, lo separe mucho más de aquéllos. Las penas no deben solamente ser proporcionadas a los delitos entre sí en la fuerza sino también en el modo de ejecutarlas. Algunos libertan de la pena de un leve delito cuando la parte ofendida lo perdona, acto conforme a la beneficencia y a la humanidad pero contrario al bien público: como si un ciudadano particular pudiese igualmente quitar con su remisión la necesidad del ejemplo, como puede perdonar el resarcimiento de la ofensa. El derecho de hacer castigar no es de uno solo sino de todos los ciudadanos, o del soberano; y así el ofendido podrá renunciar a su porción de derecho, pero no anular la de los otros.

CAPÍTULO XXX

PROCESOS Y PRESCRIPCIONES

Conocidas las pruebas y calculada la certidumbre del delito, es necesario conceder al reo el tiempo y medios oportunos para justificarse; pero tiempo tan breve, que no perjudique a la prontitud de la pena que, como dejamos sentido, es uno de los principales frenos de los delitos. Un mal entendido amor de humanidad parece contrario a esta brevedad de tiempo; pero se desvanecerá toda duda si se reflexiona que los peligros de la inocencia crecen con los defectos de la legislación.

Mas las leyes deben fijar un cierto espacio de tiempo tanto para la defensa del reo cuanto para las pruebas de los delitos; y el juez vendría a ser legislador si estuviese a su arbitrio determinar el necesario para probar un delito. Igualmente aquellos delitos atroces que dejan en los hombres una larga memoria, si están probados, no merecen prescripción alguna en favor del reo que se ha sustraído con la fuga; pero los delitos leves, y no bien probados, deben librar con la prescripción la incertidumbre de la suerte de un ciudadano; porque la oscuridad en que se hallan confundidos por largo tiempo quita el ejemplo de impunidad, quedando al reo en tanto disposición para enmendarse. Es suficiente apuntar estos principios porque el límite preciso puede sólo fijarse en virtud de una legislación según las actuales circunstancias de la sociedad; añadiré únicamente que probada la utilidad de las penas moderadas en una nación, las leyes, que en proporción de los delitos aumentan o disminuyen el tiempo de la prescripción o el de las pruebas, formando así de la misma cárcel o del destierro voluntario una parte de pena, suministrarán una fácil división de penas suaves para un gran número de delitos.

Pero estos tiempos no se aumentarán en la proporción exacta de la gravedad de los delitos, puesto que la probabilidad de ellos es en razón inversa de su atrocidad. Deberá, pues, disminuirse el tiempo del examen y aumentarse el de la prescripción, lo cual parecerá una contradicción de cuanto he dicho, esto es, que pueden darse penas iguales a delitos desiguales, teniendo consideración al tiempo de la cárcel o al de la prescripción que antecede a la sentencia como una pena. Para explicar al lector mi idea distingo dos clases de delitos. Es la primera aquella de los más atroces, que empezando desde el homicidio, comprende todas las maldades ulteriores; la segunda es de aquellos delitos menores. Esta distinción tiene su fundamento en la naturaleza humana. La seguridad de la propia vida es un derecho de naturaleza, la seguridad de los bienes lo es de sociedad. El número de motivos que impelen a los hombres para atropellar las máximas naturales de piedad es con muchos grados menor que aquellos que por el ansia natural de ser felices los mueven a violar un derecho, que no encuentran en sus corazones, sino en las convenciones de la sociedad. La grandísima diferencia de probabilidad en estas dos clases pide que se regulen con diversos principios. En los delitos más atroces, como más raros, debe disminuirse el tiempo del examen por lo que se aumenta la probabilidad de la inocencia del reo, y debe crecer el de la prescripción *(ll)*, porque de la sentencia definitiva, en que se declara a un hombre inocente o culpable, depende extirpar las esperanzas de impunidad, cuyo daño crece con la atrocidad del delito. Pero en los delitos menores, disminuyéndose la probabilidad de inocencia en el reo, debe aumentarse el tiempo del examen, y disminuyéndose el daño de la impunidad, debe disminuirse el tiempo de la prescripción. Esta división de delitos en dos clases no debería admitirse si el daño de la impunidad menguase tanto cuanto crece la probabilidad del delito. Adviértase que un acusado, de quien no conste ni la inocencia ni la culpa, aunque se haya librado por falta de pruebas, se le debe volver de nuevo a la prisión y sujetar a nuevos exámenes si aparecieren nuevos indicios señalados por la ley, hasta tanto que haya pasado el tiempo determinado a la prescripción de su delito *(mm)*. Tal es a lo menos el medio que me parece oportuno para defender la seguridad y la libertad de los súbditos, siendo muy fácil que la una no sea favorecida a expensas de la otra; de manera que estos dos bienes de que se compone el patrimonio igual e inseparable de todo ciudadano, no sean protegidos y guardados el uno por el despotismo manifiesto o disfrazado, y el otro por la turbulenta y popular anarquía.

CAPÍTULO XXXI

DELITOS DE PRUEBA DIFÍCIL

En vista de estos principios parecerá extraño al que no reflexione, que la razón casi nunca haya sido legisladora de las naciones; que los delitos, o más atroces o más oscuros y quiméricos, esto es, aquellos de que hay probabilidad menor, sean probados por conjeturas y otros medios flacos y equívocos, como si las leyes y el juez tuviesen interés, no en averiguar la verdad, sino en probar el delito, como si el condenar un inocente no fuera un peligro tanto mayor cuanto la probabilidad de la inocencia supera la probabilidad del reato. Falta en la mayor parte de los hombres aquel vigor necesario igualmente para los grandes delitos que para las grandes virtudes, porque parece que los unos van siempre a la par con los otros en aquellas naciones que se sostienen más por la actividad del gobierno y de las pasiones, que conspiran al bien público, que por su calidad o la constante bondad de las leyes. En éstas las pasiones debilitadas parecen más a propósito para mantener la forma de gobierno que para mejorarla. De aquí se saca una consecuencia importante, y es que en una nación no siempre los grandes delitos prueban su decadencia.

Hay algunos delitos que son a un mismo tiempo frecuentes en la sociedad y de prueba difícil; y en éstos la dificultad de la prueba tiene lugar de la probabilidad de la inocencia; y siendo el daño de la impunidad de tanta menos consideración cuanto la frecuencia de ellos depende de otros principios; el tiempo del examen y el de la prescripción deben disminuirse igualmente. Vemos sin embargo que los adulterios, el deleite griego, delitos de prueba tan difícil, son los que, conforme a los principios recibidos en práctica, admiten las presunciones tiránicas, las *cuasi-pruebas*, las *semi-pruebas* (como si un hombre pudiese ser *semi-digno de castigo* y *semi-digno de absolución*); donde la tortura ejercita su cruel imperio en la persona del acusado, en los testigos, y aun en toda la familia de un infeliz; como con frialdad inicua enseñan algunos doctores que por norma y ley se ponen en manos de los jueces.

El adulterio es un delito que considerado políticamente trae su fuerza y su dirección de dos causas: las leyes variables de los hombres y aquella fortísima atracción que mueve a un sexo hacia el otro. Semejante en muchos casos a la gravedad motora del universo porque, como ésta, se disminuye con las distancias, y si la una modifica todos los movimientos de los cuerpos, la otra casi todos los del ánimo en tanto que dura su periodo; desemejante en que la gravedad se pone en equilibrio con los impedimentos, pero la atracción con ellos por lo común cobra fuerza y vigor nuevo.

Si yo hubiese de hablar a las naciones que se hallan privadas de la luz de la religión diría que aún hay otra diferencia considerable entre éste y los demás delitos. Vémosle nacer en el abuso de una necesidad constante y universal a toda la humanidad, necesidad anterior y aun fundadora de la misma sociedad; pero los otros delitos, destruidores de ella, tienen su origen más bien determinado por pasiones momentáneas, que por una necesidad natural. Semejante necesidad parece a quien conoce la historia, y el hombre siempre igual en el mismo clima, a una cantidad permanente. Si esto fuese verdad, inútiles y aun perniciosas serían aquellas leyes y aquellas costumbres que procurasen disminuir la suma total; porque su efecto sería oprimir una parte de las necesidades propias y ajenas; pero por el contrario serían sabias aquellas que (por decirlo así) siguiendo la fácil inclinación del plano, dividiesen y distribuyesen la suma en tantas iguales y pequeñas porciones, que impidiesen uniformemente en todas partes la sequedad y la inundación. La fidelidad conyugal es siempre proporcionada al número y a la libertad de los matrimonios. Donde éstos se rigen por las preocupaciones hereditarias, donde la potestad doméstica los combina y los escoge; allí la galantería rompe los vínculos, con desprecio de la moral práctica, cuyo oficio es declamar contra los efectos, manteniendo las causas. Pero no hay necesidad de estas reflexiones para el que viviendo en la verdadera religión tiene más sublimes motivos, que corrigen la fuerza de los afectos naturales. La acción de este delito es tan instantánea y misteriosa, tan cubierta de aquel velo mismo que las leyes han puesto: velo necesario pero frágil, y que aumenta el precio de la cosa en vez de disminuirlo, las ocasiones tan fáciles, las consecuencias tan equívocas, que el legislador podrá más bien evitarlo que corregirlo. Regla general: en todo delito, que por su naturaleza debe las más veces quedar sin castigo, la pena es un incentivo. Es propiedad de nuestra imaginación que las dificultades, cuando no son insuperables o muy difíciles respecto de la flojedad del ánimo de los hombres, la exciten más vivamente y engrandezcan el objeto; porque sirviéndola de estorbos que impiden su curso vagabundo y voluble sin dejarla salir de él y obligándola a recorrer todas las combinaciones, se fija más estrechamente en la parte agradable, a quien más naturalmente se arroja nuestro ánimo, que en la dolorosa y funesta de quien huye y se separa.

La Venus ática, tan severamente castigada de las leyes y tan fácilmente entregada a los tormentos vencedores de la inocencia, tiene su fundamento menos sobre las necesidades del hombre aislado y libre, que sobre las pasiones del hombre sociable y esclavo. Toma su fuerza, no tanto del desmedido uso de los placeres cuanto de aquella educación que empieza por hacer inútiles a los hombres a sí mismos para hacerlos útiles a otros; en aquellas casas donde se oscurece y encierra la juventud ardiente, donde habiendo una valla insuperable a cualquier otro comercio, todo el vigor de la naturaleza que se desenlaza se consume inútilmente para la humanidad, y aun anticipa la vejez.

El infanticidio es igualmente efecto de una contradicción inevitable en que se encuentra una persona que haya cedido o por violencia o por flaqueza. Quien se ve entre la infamia y la muerte de un ser incapaz de sentir los males, ¿cómo no preferirá ésta a la miseria infalible en que serían puestos ella y su infeliz parto? El mejor modo de evitar este delito fuera proteger con leyes eficaces la flaqueza contra la tiranía, la cual exagera los vicios, que no pueden cubrirse con el manto de la virtud.

Yo no pretendo minorar el horror justo que merecen estas acciones, pero señalando sus orígenes, me juzgo con derecho de sacar una consecuencia general, ésta es que no se puede llamar precisamente justa (vale tanto como decir necesaria) la pena de un delito cuando la ley no ha procurado con diligencia el mejor medio posible de evitarlo en las circunstancias existentes de una nación.

Capítulo XXXII

SUICIDIO

El suicidio es un delito que parece no admite pena que propiamente se llame tal; porque determinada alguna, o caerá sobre los inocentes o sobre un cuerpo frío e insensible. Si ésta no hará impresión en los vivos, como no la haría azotar a una estatua, si aquélla es tiránica e injusta, porque la libertad política de los hombres supone necesariamente que las penas sean meramente personales. Aman éstos mucho la vida, y cuanto los rodea los confirma en este amor. La imagen del placer seductora es la esperanza, dulcísimo engaño de los mortales, por la cual tragan desmedidamente el mal: mezclado con algunas pocas gotas de contento, los atrae mucho para poder temer que la impunidad necesaria de este delito tenga alguna influencia sobre ellos. ¿Cuál será, pues, el estorbo que detendrá la mano desesperada del suicida?

Cualquiera que se mata hace menos mal a la sociedad que aquel que para siempre se sale de sus confines; porque el primero deja toda su sustancia, y el segundo se lleva consigo parte de sus haberes. Y si la fuerza de la sociedad consiste en el número de los ciudadanos, por el hecho de salirse y entregarse a una nación vecina origina doble daño que aquel que simplemente con la muerte se quita de la sociedad misma. La cuestión, pues, se reduce a saber si es útil o dañoso a la nación dejar una perpetua libertad a todos sus miembros para salirse de ella.

Cualquier ley que no esté armada, o que la naturaleza de las circunstancia haga insubsistente, no debe promulgarse; y como sobre los ánimos reina la opinión que obedece a las impresiones lentas e indirectas del legislador, y que resiste a las directas y violentas, así las leyes inútiles, despreciadas de los hombres, comunican su envilecimiento aun a las más saludables, porque se miran más como una dificultad para vencerla, que como depósito del bien público. Así que, si como se ha dicho, nuestros dictámenes son limitados, tanta menos veneración quedará a las leyes cuanta tuvieren los hombres a objetos extraños de ellas. De este principio puede el sabio dispensador de la felicidad pública sacar algunas consecuencias útiles; pues si me detuviese a exponerlas me separarían mucho de mi asunto, que se reduce a probar lo inútil de hacer del Estado una prisión. Semejante ley lo es, porque no estando un país dividido de los otros por escollos inaccesibles o mares inmensos, ¿cómo se podrán cerrar todos los puntos de su circunferencia?, ¿cómo se podrá guardar a los mismos guardas? El que se lleva consigo cuanto tiene no puede ser castigado después que lo ha hecho. A este delito, una vez cometido, es imposible aplicarle pena; y el hacerlo antes es castigar la voluntad de los hombres, no sus acciones; es mandar en la intención, parte tan libre del hombre, que a ella no alcanza el imperio de las leyes humanas. Castigar al que se ausenta en la sustancia que deja, a más de la fácil e inevitable colusión que no puede impedirse sin tiranizar los contratos, estancaría todo comercio de nación a nación. Castigarlo cuando volviese el reo sería estorbar que se reparase el mal causado en la sociedad, haciendo todas las ausencias perpetuas. La misma prohibición de salir del país aumenta en los nacionales el deseo de conseguirlo, y es una advertencia a los extraños para no establecerse en él.

¿Qué deberemos pensar de un gobierno que no tiene otro medio para mantener a los hombres naturalmente inclinados a la patria por las primeras impresiones de su infancia, fuera del temor? El más seguro modo de fijar a los ciudadanos en su país es aumentar el bienestar relativo de cada uno. Así como se debe hacer todo esfuerzo para que la balanza del comercio decline a nuestro favor, así el mayor interés del soberano y de la nación es que la suma de la felicidad, comparada con la de las naciones circunvecinas, sea mayor que la de éstas. Los placeres del lujo no son los principales elementos de esta felicidad, sin embargo de que sean un remedio necesario a la desigualdad, que crece con los progresos de una nación, y sin los cuales las riquezas se estancarían en una sola mano. Donde los confines de un país se aumentan en grado mayor que su población, allí el lujo favorece el despotismo; así porque cuanto los hombres son más raros, tanto menor es la industria; y cuanto es menor la industria, es tanto mayor la dependencia que la pobreza tiene del fasto, y tanto más difícil y menos temida la reunión de los oprimidos contra los opresores: porque las adoraciones, los oficios, las distinciones y la sumisión, que hacen más sensible la distancia entre el fuerte y el débil, se obtienen más fácilmente de pocos que de muchos, siendo los hombres tanto más independientes cuanto menos notados, y tanto menos notados cuanto es mayor el número. Pero donde la población crece en proporción mayor que los confines, el lujo se opone al despotismo, porque anima la industria y la actividad de los hombres, y la necesidad ofrece demasiados placeres y comodidades al rico para que los de ostentación, que aumentan la opinión de dependencia, tengan mayor lugar. De aquí puede observarse que en los estados vastos, flacos y despoblados si otras causas no lo estorban, el lujo de ostentación prevalece al de comodidad; pero en los estados más poblados que extensos, el lujo de comodidad hace siempre disminuir el de ostentación. Sin embargo, el comercio y paso de los placeres del lujo tiene este inconveniente, que aunque se haga por el medio de muchos, comienza en pocos y acaba en pocos, y sólo poquísima parte gusta el mayor número; de tal manera que no impide el sentimiento de la miseria, causado más por la comparación que por la realidad. Son, pues, la seguridad y libertad, limitadas por sólo las leyes, quienes forman la base principal de esta felicidad, con las cuales los placeres del lujo favorecen la población y sin las cuales se hacen el instrumento de la tiranía. Al modo que las fieras más generosas y las más voladoras aves se retiran a las soledades y a los bosques inaccesibles y abandonan las campiñas fértiles y agradables al hombre que les pone lazos; así los hombres huyen de los mismos placeres cuando la tiranía los distribuye.

Está, pues, demostrado, que la ley que aprisiona a los súbditos en su país es inútil e injusta: luego lo será igualmente la pena del suicidio; y así, aunque sea una culpa que Dios castiga, porque sólo él puede castigar después de la muerte, no es un delito para con los hombres, puesto que la pena en lugar de caer sobre el reo mismo cae sobre su familia. Si alguno opusiese que la pena puede con todo eso retraer a un hombre determinado a matarse, respondo: que quien tranquilamente renuncia al bien de la vida, y de tal manera aborrece su existencia, que prefiere a ella una eternidad infeliz, no se moverá por la consideración menos eficaz y más distante de los hijos o parientes.

Capítulo XXXIII

CONTRABANDOS

El contrabando es un verdadero delito que ofende al soberano y a la nación; pero su pena no debe ser infamativa, porque cometido no produce infamia en la opinión publica. Cualquiera que decreta penas infamativas contra delitos que no son reputados tales de los hombres, disminuye el dictamen de infamia para los que verdaderamente lo son. Cualquiera (por ejemplo) que viere determinada la misma pena de muerte contra el que mata a un faisán, y contra el que asesina a un hombre, o falsifica un escrito importante, no hará diferencia entre estos delitos, destruyéndose así las máximas morales, obra de muchos siglos y de mucha sangre, lentísimas y difíciles de insinuarse en los ánimos de los hombres, para cuya producción se creyeron necesarios la ayuda de los más sublimes motivos y tanto aparato de graves formalidades.

Este delito nace de la ley misma, porque creciendo la gabela crece siempre la utilidad, y con ésta la tentación de hacer el contrabando; y la facilidad de cometerlo con la circunferencia, que es necesario custodiar, y con la disminución del tamaño de la mercadería misma. La pena de perder el género prohibido y la hacienda que la acompaña es justísima; pero será tanto más eficaz cuanto más corta fuere la gabela; porque los hombres no se arriesgan sino en proporción de la utilidad que el éxito feliz de la empresa les puede producir.

Pero, ¿por qué este delito no ocasiona infamia a su autor, siendo un hurto hecho al príncipe, y por consecuencia, a la nación misma? Respondo que las ofensas que los hombres creen no les pueden ser hechas no los interesan tanto, que baste a producir la indignación pública contra quien las comete. Como las consecuencias remotas hacen cortísimas impresiones sobre los hombres no ven el daño que puede acaecerles por ellas; antes bien gozan, si es posible, de sus utilidades presentes. Tal es el contrabando. No ven ellos, pues, más que el daño hecho al príncipe, y así no se interesan en privar de sus sufragios a quien lo comete, como lo son a quien hace un hurto privado, a quien falsifica un escrito, y otros males que pueden sucederles. Principio evidente de que todo ente sensible no se mueve sino por los males que conoce.

¿Pero se deberá dejar sin castigo este delito en aquel que no tiene hacienda que perder? No por cierto. Hay contrabandos que interesan de tal manera la naturaleza del tributo, parte tan esencial y tan difícil en una buena legislación, que su comisión merece una pena considerable, hasta la prisión, hasta la servidumbre; pero prisión y servidumbre conforme a la naturaleza del mismo delito. Por ejemplo, la prisión por hacer contrabando de tabaco no debe ser común con la del asesino o el ladrón; y las ocupaciones del primero, limitadas al trabajo y servicio de la regalía misma que ha querido defraudar, serán las más conformes a la naturaleza de las penas.

CAPÍTULO XXXIV

DE LOS DEUDORES

La buena fe de los contratos y la seguridad del comercio estrechan al legislador para que asegure a los acreedores las personas de los deudores fallidos; pero yo juzgo importante distinguir el fallido fraudulento del fallido inocente. El primero debería ser castigado con la misma pena que el monedero falso; porque falsificar un pedazo de metal acuñado, que es una prenda de las obligaciones de los ciudadanos, no es mayor delito que falsificar las obligaciones mismas. Mas el fallido inocente, aquel que después de un examen riguroso ha probado ante sus jueces que o la malicia de otros, o su desgracia, o contratiempos inevitables por la prudencia humana le han despojado de sus bienes, ¿por qué motivo bárbaro deberá ser encerrado en una prisión y privado de la libertad, único y triste bien que sólo le queda, experimentando las angustias de los culpados y arrepintiéndose acaso (con la desesperación que causa la probidad ofendida) de aquella inocencia con que vivía tranquilo bajo la tutela de las leyes cuya ofensa no estuvo en su mano: leyes dictadas por los poderosos por codicia, y sufridas por los flacos por aquella esperanza que comúnmente centellea en los ánimos de los hombres, haciendo creer que los acontecimientos adversos son para los demás, y para nosotros los favorables? Los hombres, abandonados a sus dictámenes más triviales, aman las leyes crueles aunque estén sujetos a ellas mismas. Sería interés de todos que se moderasen, porque es mayor el temor de ser ofendido que el deseo de ofender. Volviendo al inocente fallido, digo que podrán sus deudas mirarse como inextinguibles hasta la paga total: podrásele prohibir libertarse de la obligación contraída sin consentimiento de los interesados, y el derecho de retirarse a otro país para ejercitar su industria: podrásele apremiar para que, empleando su trabajo y talentos, adquiera de nuevo con qué satisfacer a sus acreedores;

pero ni la seguridad del comercio ni la sagrada propiedad de los bienes podrán justificar una privación de libertad, que les es inútil, fuera del caso en que con los males de la esclavitud se consiguiese revelar los secretos de un supuesto inocente fallido, caso rarísimo, en suposición de un riguroso examen. Creo máxima legislatoria, que el valor de los inconvenientes políticos se considere en razón compuesta de la directa del daño público, y de la inversa de la improbabilidad de verificarse. Pudiera distinguirse el dolo de la culpa grave, la grave de la leve, y ésta de la inocencia, y asignando al primero las penas establecidas contra los delitos de falsificación; a la segunda otras menores, pero con privación de libertad; reservando a la última el escogimiento libre de medios para restablecerse; quitar a la tercera la facultad de hacerlo, dejándola a los acreedores. Pero las distinciones de grave y de leve se deben fijar por la ley ciega e imparcial, no por la prudencia arbitraria y peligrosa de los jueces. El señalamiento de los límites es así necesario en la política como en la matemática, tanto en la medida del bien público, cuanto en la medida de las magnitudes.[6]

¡Con qué facilidad un legislador próvido podría impedir gran parte de las quiebras culpables, y remediar las desgracias del inocente industrioso! Un público y manifiesto registro de todos los contratos, y libertad a los ciudadanos de consultar sus documentos bien ordenados; un banco público formado de tributos sabiamente repartidos sobre el comercio feliz, y destinado a socorrer con las cantidades oportunas al miserable e infeliz miembro de él; no tendrían ningún inconveniente real y pudieran producir innumerables ventajas. Pero las fáciles, las simples, las grandes leyes, que no esperan para esparcir en el seno de la nación la abundancia y la ro-

---

[6] El comercio y la propiedad de los bienes no son el fin del pacto social, pero pueden ser un medio para obtenerlo. Habiendo tantas combinaciones que pueden originar los daños en la sociedad, exponer todos sus miembros a padecerlos sería subordinar los fines a los medios, paralogismo de todas las ciencias, y principalmente de la política, y en el que caí en las ediciones precedentes, donde dije que el fallido inocente debe ser guardado como una prenda de sus deudas o servir en las labores de sus acreedores como esclavo. Me avergüenzo de haber escrito así. He sido acusado de irreligión, y no lo merecía; he sido acusado de sedición, y no lo merecía; he ofendido los derechos de la humanidad, y nadie me lo ha reprendido.

bustez más que la voluntad del legislador, leyes que le colmarían de himnos inmortales, son, o las menos conocidas, o las menos queridas. Un espíritu inquieto y empleado en pequeñeces, la medrosa prudencia del momento presente, la desconfianza y la aversión a toda novedad aunque útil ocupan el alma de aquellos que podrían arreglar y combinar las acciones de los hombres.

CAPÍTULO XXXV

ASILOS

Me restan aún dos cuestiones que examinar: una si los asilos son justos, y si el pacto entre las naciones de entregarse recíprocamente los reos es o no útil. Dentro de los confines de un país no debería haber algún lugar independiente de las leyes. Su poder debería seguir a todo ciudadano como la sombra al cuerpo. La impunidad y el asilo se diferencian en poco; y como la impresión de la pena consiste más en lo indudable de encontrarla que en su fuerza, no separan éstas tanto de los delitos cuanto a ellos convidan los asilos. Multiplicar éstos es formar otras tantas pequeñas soberanías, porque donde no hay leyes que manden, allí pueden formarse nuevas, opuestas a las comunes, y así un espíritu contrario al del cuerpo entero de la sociedad. Todas las historias muestran que de los asilos salieron grandes revoluciones en los estados y en las opiniones de los hombres. Pero si entre las naciones es útil entregarse a los reos recíprocamente, no me atreveré a decidirlo hasta en tanto que las leyes más conformes a las necesidades de la humanidad, las penas más suaves, y extinguida la dependencia del arbitrio y de la opinión, no pongan a salvo la inocencia oprimida y la virtud detestada, hasta en tanto que la tiranía sea desterrada en las vastas llanuras de Asia, por el todo de la razón universal, que siempre une los intereses del trono y de los súbditos; aunque la persuasión de no encontrar un palmo de tierra que perdonase a los verdaderos delitos sería un medio eficacísimo de evitarlos.

Capítulo XXXVI

DE LA TALLA

La otra cuestión es si será útil señalar un precio al que entregare la cabeza de un hombre declarado reo, y armando el brazo de cualquier ciudadano, hacer de él un verdugo. O el reo está fuera de los confines, o dentro. En el primer caso, el soberano estimula a los ciudadanos a cometer un delito y los expone a un suplicio, haciendo así una injuria y una usurpación de autoridad en los dominios de otro, y autoriza de esta manera a las otras naciones para que hagan lo mismo con él. En el segundo, muestra la flaqueza propia. Quien tiene fuerza para defenderse no la busca (*nn*). Además, este edicto desconcierta todas las ideas de moral y de virtud, que se disipan en el ánimo de los hombres con cualquiera pequeño viento. Ahora las leyes convidan a la traición, ahora la castigan. Con una mano el legislador estrecha los vínculos de familia, de parentela y de amistad, y con otra premia a quien los rompe y a quien los desprecia. Siempre contradiciéndose a sí mismo, ya convida los ánimos sospechosos de los hombres a la confianza, ya esparce la desconfianza en todos los corazones. En vez de evitar un delito hace nacer ciento. Éstos son los recursos de las naciones flacas, cuyas leyes no son más que reparos instantáneos de un edificio ruinoso que amenaza por todas partes. En proporción que las luces crecen en una nación, se hacen más necesarias la buena fe y la confianza recíproca; y cada vez más camina a confundirse con la verdadera política. Los artificios, las astucias, las estradas oscuras e indirectas son por lo común previstas, y la sensibilidad de todos se defiende mejor contra el interés de cada particular. Los mismos siglos de la ignorancia en que la moral pública fuerza a los hombres a obedecer a la privada, sirven de instrucción y de experiencia a los siglos iluminados. Pero las leyes que premian la traición y excitan una guerra clandestina, esparciendo la sospecha recíproca entre los ciudadanos se oponen a ésta tan necesaria reunión de la moral y de la política, a quien los hombres deberían su felicidad, las naciones la paz, y el universo algún más largo espacio de tranquilidad y reposo en los males que lo rodean.

Capítulo XXXVII

ATENTADOS, CÓMPLICES, IMPUNIDAD

Aunque las leyes no castiguen la intención, no por eso decimos que un delito, cuando empieza por alguna acción que manifiesta la voluntad de cometerlo, no merezca algún castigo, pero siempre menor a la misma comisión de él. La importancia de estorbar un atentado autoriza la pena; pero así como entre éste y la ejecución puede haber algún intervalo, así la pena mayor reservada al delito consumado puede dar lugar al arrepentimiento. Lo mismo es cuando haya cómplices, y no todos ejecutores inmediatos, sino por alguna razón diversa. Cuando muchos hombres se unen para una acción arriesgada, en proporción de su tamaño procuran que sea igual para todos; luego será más dificultoso encontrar quién se conforme con ser el ejecutor, corriendo mayor riesgo que los demás cómplices. La única excepción sería en el caso que al ejecutor se le señalase un premio. Teniendo entonces una recompensa mayor por el mayor riesgo, la pena debería ser proporcionada. Estos discursos parecerán muy metafísicos a quien no reflexione cuánta utilidad hay en que las leyes dejen los menos motivos de convención que fuere posible entre los que se intenten asociar para cometer un delito.

Algunos tribunales ofrecen impunidad al cómplice de un grave delito que descubriere a los otros. Este recurso tiene sus inconvenientes y sus ventajas. Los inconvenientes son que la nación autoriza la traición detestable, aun entre los malvados; porque siempre son menos fatales a una sociedad los delitos de valor que los de vileza, por cuanto el primero no es frecuente, y con sólo una fuerza benéfica que lo dirija conspirará al bien público; pero la segunda es más común y contagiosa, y siempre se reconcentra en sí misma. Además de esto, el tribunal hace ver la propia incertidumbre y la flaqueza de la ley, que implora el socorro de quien la ofende (*oo*). Las ventajas son evitar delitos importantes, y que siendo manifiestos los efectos, y ocultos los autores atemoricen al pueblo (*pp*). Contribuye también a mostrar que quien es falto de fe con las leyes, esto es, con el público, es probable que lo sea con un particular. Pareciérame que una ley general, la cual prometiese impunidad al cómplice manifestador de cualquier delito, fuese preferible a una especial declaración en un caso particular; porque así evitaría las uniones con el temor recíproco que cada cómplice tendría de revelarse a otro, y el tribunal no hará atrevidos los malhechores, viendo éstos en caso particular pedido su socorro. Semejante ley debería acompañar la impunidad con el destierro del delator... Pero en vano me atormento para destruir el remordimiento que siento, autorizando con las leyes sacrosantas, con el monumento de la pública confianza, y con la base de la moral humana, la traición y el disimulo. ¡Qué ejemplo sería para una nación si se faltase a la impunidad prometida, arrastrando al suplicio, por medio de doctas cavilaciones, en vergüenza de la fe pública, a quien ha correspondido al convite de las leyes! No son raros en las naciones tales ejemplos (*qq*), y por esto no son tampoco raros los que no tienen de una nación otra idea que la de una máquina complicada, cuyos muelles mueven, según su antojo, al más diestro y al más poderoso. Fríos e insensibles a todo lo que forma la delicia de las almas tiernas y sublimes, excitan con sagacidad inalterable los dictámenes más afectuosos y las pasiones más violentas en el punto que las ven útiles a sus fines, acordando los ánimos como los músicos los instrumentos.

Capítulo XXXVIII

INTERROGACIONES SUGESTIVAS Y DEPOSICIONES

Nuestras leyes reprueban en el proceso las interrogaciones que se llaman *sugestivas*; esto es, aquellas, según los doctores, que en las circunstancias de un delito preguntan por la *especie*, debiendo preguntar por el *género*: quiere decir aquellas interrogaciones que, teniendo una inmediata conexión con él, sugieren al reo una respuesta inmediata. Las interrogaciones, según los criminalistas, deben, por decirlo así, abrazar y rodear el hecho espiralmente; pero nunca dirigirse a él por línea recta. Los motivos de este método son, o por no sugerir al reo una respuesta que lo libre de la acusación, o acaso porque parece contra la misma naturaleza que un reo se acuse por sí inmediatamente. Cualquiera que sea de estos dos motivos, es notable la contradicción de las leyes, que juntamente con esta costumbre autorizan la tortura. Porque, ¿cuál interrogación más *sugestiva* que el dolor? El primer motivo se verifica en el tormento, puesto que el mismo dolor *sugerirá* al robusto una obstinada taciturnidad para cambiar la mayor pena por la menor; y al flaco *sugerirá* la confesión para librarse del tormento presente, más eficaz por entonces que el dolor venidero. El segundo motivo es con evidencia lo mismo. Porque si una interrogación *especial* hace confesar a un reo contra el derecho de la naturaleza, mucho más fácilmente conseguirán esto los dolores; pero los hombres se gobiernan más por la diferencia de los hombres que por la que resulta de las cosas. Entre otros abusos de la gramática que no han influido poco sobre los negocios humanos, es notable el que hace nula e ineficaz la deposición de un reo ya condenado; ya está *muerto civilmente*, dicen los jurisconsultos peripatéticos, y un *muerto* no es capaz de acción alguna. Para sostener esta vana metáfora se han sacrificado muchas víctimas, y bien de continuo se ha disputado con seria reflexión si la verdad debe ceder a las fórmulas judiciales. Si las deposiciones de un reo condenado no llegan a un cierto punto, que retarden el curso de la justicia, ¿por qué no se deberá conceder, aun después de la sentencia, a su extrema miseria y a los intereses de la verdad, un espacio conveniente tal, que produciendo nuevas especies capaces de alterar la naturaleza del hecho, pueda justificarse a sí o a otro con un juicio nuevo? Las formalidades y las ceremonias son necesarias en la administración de la justicia, ya porque nada dejan al arbitrio del que la administra, ya porque dan idea al pueblo de un juicio, no tumultuario e interesado, sino estable y regular; ya porque sobre los hombres, esclavos e imitadores de la costumbre, hacen impresiones más eficaces las sensaciones que los raciocinios. Pero éstas, sin un fatal peligro, jamás pueden fijarse por las leyes de modo que dañen a la verdad, que o por ser muy simple o muy compuesta, tiene necesidad de alguna pompa externa que le concilie el pueblo ignorante. Finalmente, aquel que en el examen se obstinase, no respondiendo a las preguntas que se le hicieren, merece una pena determinada por las leyes; y pena de las más graves que entre ellas se hallaren para que los hombres no burlen así la necesidad del ejemplo que deben al público. No es necesaria esta pena cuando se sepa de cierto que tal reo haya cometido tal delito, de tal modo que las preguntas sean inútiles, como lo es la confesión del delito, cuando otras pruebas justifican la criminalidad. Este último caso es el más ordinario, porque la experiencia demuestra que en la mayor parte de los procesos los reos están negativos.

SUPLEMENTO AL CAPÍTULO XXXVIII

EL ACUSADO DELANTE DE SUS JUECES

El momento crítico ha llegado en que el acusado va a comparecer ante sus jueces. Pregunto yo: ¿de qué modo le vais a acoger? ¿Le recibiréis como magistrados o como enemigos? ¿Queréis asustarle o instruiros? ¿Qué se hará este hombre, sacado súbitamente de su calabozo, cegado con la luz a que sale, y transportado de un golpe entre los hombres que van a tratar de su muerte? Temblando, se atreve apenas a fijar su ojo incierto sobre los árbitros de su suerte, y las severas miradas que encuentra le asustan y aterran. Cree poder leer de antemano su sentencia sobre las arrugas siniestras de sus frentes; sus sentidos turbados ya, se atemorizan al oír unas voces roncas y amenazadoras: la poca razón que le queda acaba de confundirle, sus ideas se desvanecen, y su trémula voz puede apenas proferir una palabra incierta; y para consuelo de males, sus jueces imputan tal vez al crimen un desorden producido únicamente por el terror que inspira su aspecto. ¡Cómo! ¿No conocéis la causa de la consternación del acusado, vosotros que no os atreveríais tal vez a hablar con confianza delante de una asamblea de unos cuantos hombres? Dulcificad esa frente severa; haced que vuestras miradas denoten aquella tierna inquietud que inspira un hombre que deseamos sea inocente; que vuestra voz, dulce aunque grave, parezca abrir con vuestra boca el camino de vuestro corazón; ocultad el horror secreto que os inspira la vista de esos grillos y la de los andrajos de la miseria; cuidad de no confundir estas señales equívocas del crimen, con el crimen mismo, y pensad que tal vez estas tristes apariencias encubren un hombre virtuoso. ¡Qué objeto! Levantad vuestras miradas, y ved sobre vuestras cabezas la imagen de vuestro Dios, inocente y acusado: sois hombres, sed pues humanos; sois jueces, sed moderados; sois cristianos, sed caritativos. Hombres, jueces, cristianos, cualquiera que seáis, respetad la desgracia, sed dulces y compasivos para con un hombre que se arrepiente y que tal vez no tiene de qué arrepentirse.

"Pero dejemos el semblante de los jueces para ocuparnos de un arte peligroso, del que he oído a menudo ensalzar la utilidad: éste es el de alucinar al acusado con interrogaciones capciosas, suposiciones falsas, y aun el de emplear los artificios y las mentiras para descubrir la verdad. Este arte no es muy difícil; sólo consiste en turbar la cabeza del acusado con cien cuestiones disparatadas; en afectar de no seguir el orden de las cosas; en alucinarle haciéndole volver con rapidez alrededor de una infinidad de objetos diferentes y en detenerle de un golpe, suponiendo una confesión que no ha hecho, y en decirle: 'Mira lo que acabas de confesar, te contradices, mientes y te has perdido'.

"¡Qué miserable artificio!, ¿y cuál es el efecto que tiene? El acusado queda turbado; las palabras de su juez caen sobre su cabeza como un rayo imprevisto; queda asombrado al ver que él mismo se ha declarado; pierde la memoria y la razón; los hechos se confunden unos con otros, y muchas veces una contradicción supuesta le hace incurrir en una contradicción verdadera.

"Este arte es tan odioso como injusto; no le mezclemos con nuestras funciones honrosas; no tengamos más arte que el de la simplicidad; dirijámonos a lo verdadero, por lo verdadero; sigamos un acusado en todos los casos, pero paso a paso y sin apretarle; observamos su marcha, pero sin descarriarle; y si cae, que sea bajo el esfuerzo de la verdad y no del de nuestros lazos.

"Un espectáculo horrible se presenta en este momento a mis ojos: el juez cansado de interrogar con la palabra, quiere hacerlo por los suplicios; impaciente en sus pesquisas, y tal vez irritado de su inutilidad, manda traer hachones, cadenas, palancas, y todos los instrumentos inventados para el dolor. Un verdugo se mezcla a las funciones de la magistratura, y termina con la violencia un interrogatorio empezado bajo los auspicios de la libertad… ¡Y luego echamos en cara a los antiguos sus circos y sus gladiadores!…" (SERVAN, *Discurso sobre la administración de la justicia criminal.*)

Capítulo XXXIX
DE UN GÉNERO PARTICULAR DE DELITOS

Cualquiera que leyere este escrito advertirá haber omitido yo en él un género de delitos que ha cubierto la Europa de sangre humana, y que ha juntado aquellas funestas hogueras, donde servían de alimento a las llamas los cuerpos vivos de los hombres, cuando era placentero espectáculo y armonía grata para la ciega muchedumbre oír los sordos y confusos gemidos de los miserables que salían envueltos en remolinos de negro humo, humo de miembros humanos; entre el rechinar de los huesos abrasados, y el tostarse de las entrañas aun palpitantes. Pero los hombres racionales verán que el lugar, el siglo y la materia no me permiten examinar la naturaleza de este delito. Muy largo, y fuera de mi asunto, sería probar como debe ser necesaria una perfecta uniformidad de pensamientos en un estado contra el ejemplo de muchas naciones; como opiniones que distan entre sí solamente por algunas sutilísimas y oscuras diferencias, muy apartadas de la capacidad humana, puedan desconcertar el bien público cuando una no fuere autorizada con preferencia a las otras; y como la naturaleza de las opiniones esté compuesta de modo que mientras algunas, con el choque fermentado y combatiendo juntamente se aclaran, y nadando las verdaderas, las falsas se sumergen en el olvido; otras, poco seguras por su constancia desnuda, deban vestirse de autoridad y de fuerza. Muy largo sería probar cómo, aunque más odioso parezca sobre los entendimientos humanos el imperio de la fuerza, cuyas solas conquistas son el disimulo y por consiguiente el envilecimiento, aunque parezca contrario al espíritu de mansedumbre y fraternidad, ordenado de la razón y de la autoridad que más veneramos; sea sin embargo necesario e indispensable. Todo esto debe creerse probado evidentemente, y conforme a los verdaderos intereses de los hombres, si hay quién con reconocida autoridad lo ejercite. Hablo sólo de los delitos que provienen de la naturaleza humana y del pacto social, no de los pecados, cuyas penas, aun las temporales, deben arreglarse con otros principios que los de una filosofía limitada.

CAPÍTULO XL

FALSAS IDEAS DE UTILIDAD

Un manantial de errores y de injusticias son las falsas ideas de utilidad que se forman los legisladores. Falsa idea de utilidad es aquella que antepone los inconvenientes particulares al inconveniente general: aquella que manda a los dictámenes en vez de excitarlos: que hace servir los sofismas de la lógica en lugar de la razón. Falsa idea de utilidad es aquella que sacrifica mil ventajas reales por un inconveniente imaginario de poca consecuencia que quitaría a los hombres el fuego porque quema, y el agua porque anega, que sólo destruyendo repara los males. De esta naturaleza son las leyes que prohíben llevar armas: no contienen más que a los no inclinados ni determinados a cometer delitos; pero los que tienen atrevimiento para violar las más sagradas de la humanidad y las más importantes del código, ¿cómo respetarán las menores y las puramente arbitrarias, cuyas contravenciones deben ser tanto más fáciles e impunes cuanto su ejecución exacta quita la libertad personal, tan amada del hombre y tan amada del legislador, sometiendo a los inocentes a todas las vejaciones que debieran sufrir los reos? Empeoran éstas la condición de los asaltados, mejorando la de los asaltadores: no minoran los homicidios sino los aumentan, porque es mayor la confianza en asaltar a los desarmados que a los prevenidos. Llámanse no leyes preventivas sino medrosas de los delitos: nacen de la tumultuaria impresión de algunos hechos particulares, no de la meditación considerada de inconvenientes y provechos de un decreto universal. Falsa idea de utilidad es aquella que querría dar a una muchedumbre de seres sensibles la simetría y el orden que sufre la materia brutal e inanimada, que descuida motivos presentes, los únicos que con eficacia obran sobre el mayor número para dar fuerza a los distantes; cuya impresión es flaca y brevísima si una viveza extraordinaria de imaginación en la humanidad no suple con el aumento a la distancia del objeto. Finalmente, es falsa idea de utilidad aquella que sacrificando la cosa al hombre divide el bien del público del bien de todos los particulares. Hay esta diferencia del estado de sociedad al estado de naturaleza, que el hombre salvaje no hace daño a otro sino en cuanto basta para hacerse bien a sí mismo; pero el hombre sociable es alguna vez movido por las malas leyes a ofender a otro sin hacerse bien a sí. Despótico, arroja en el ánimo de sus esclavos el temor y el abatimiento; pero rechazado, vuelve a atormentar con mayor fuerza su ánimo. Cuanto el temor es más solitario y doméstico tanto es menos peligroso al que lo hace instrumento de su felicidad; pero cuanto es más público y agita mayor número de hombres, es tanto más fácil que haya, o el imprudente, o el desesperado, o el cuerdo atrevido, que haga servir a los hombres a su fin, despertando en ellos ideas más gratas, y tanto más seductoras cuanto el riesgo de la empresa cae sobre un número mayor, y el valor que los infelices dan a la existencia propia se disminuye en proporción de la miseria que sufren. Ésta es la causa porque las ofensas originan otras; pues el odio es un movimiento tanto más durable que el amor, cuanto el primero toma su fuerza de la continuación de los actos que debilitan al segundo.

CAPÍTULO XLI

CÓMO SE EVITAN LOS DELITOS

Es mejor evitar los delitos que castigarlos. He aquí el fin principal de toda buena legislación, que es el arte de conducir a los hombres al punto mayor de felicidad o al menor de infelicidad posible, para hablar según todos los cálculos de bienes y males de la vida. Pero los medios empleados hasta ahora son por lo común falsos y contrarios al fin propuesto. No es posible reducir la turbulenta actividad de los hombres a un orden geométrico sin irregularidad y confusión. Al modo que las leyes simplísimas y constantes de la naturaleza no pueden impedir que los planetas se turben en sus movimientos; así en las infinitas y opuestísimas atracciones del placer y del dolor no pueden impedirse por las leyes humanas las turbaciones y el desorden. Ésta es la quimera de los hombres limitados siempre que son dueños del mando. Prohibir una muchedumbre de acciones indiferentes no es evitar los delitos sino crear otros nuevos; es definir a su voluntad la virtud y el vicio, que se nos predican eternos e inmutables. ¿A qué nos viéramos reducidos si se hubiera de prohibir todo aquello que puede inducir a delito? Sería necesario privar al hombre del uso de sus sentidos. Para un motivo que impela a los hombres a cometer un verdadero delito hay mil que los impelen a practicar aquellas acciones indiferentes que llaman delitos las malas leyes; y si la probabilidad de los delitos es proporcionada al número de los motivos, ampliar la esfera de aquéllos es acrecentar la probabilidad de cometerlos. La mayor parte de las leyes no son más que privilegios, esto es, un tributo que pagan todos para la comodidad de algunos.

¿Queréis evitar los delitos? Haced que las leyes sean claras y simples, y que toda la fuerza de la nación esté empleada en defenderlas, ninguna parte en destruirlas. Haced que las leyes favorezcan menos las clases de los hombres que los hombres mismos.

Haced que los hombres las teman, y no teman más que a ellas. El temor de las leyes es saludable; pero el de hombre a hombre es fatal y fecundo de delitos. Los hombres esclavos son más sensuales, más desenvueltos y más crueles que los hombres libres. Éstos meditan sobre las ciencias, meditan sobre los intereses de la nación: ven objetos grandes y los imitan; pero aquéllos, contentos del día presente, buscan entre el estrépito y desenvoltura una distracción del apocamiento que los rodea: acostumbrados al éxito incierto de cualquier cosa, se hace para ellos problemático el éxito de sus delitos, en ventaja de la pasión que los domina. Si la incertidumbre de las leyes cae sobre una nación indolente por clima, aumenta y mantiene su indolencia y estupidez; si cae sobre una nación sensual, pero activa, desperdicia su actividad en un infinito número de astucias y tramas, que aunque pequeñas, esparcen en todos los corazones la desconfianza, haciendo de la traición y el disimulo la base de la prudencia; si cae sobre una nación valerosa y fuerte, la incertidumbre se sacude al fin, causando antes muchos embates de la libertad a la esclavitud, y de la esclavitud a la libertad.

CAPÍTULO XLII

DE LAS CIENCIAS

¿Queréis evitar los delitos? Haced que acompañen las luces a la libertad. Los males que nacen de los conocimientos son en razón inversa de su extensión (*rr*), y los bienes lo son en la directa. Un impostor atrevido, que siempre es un hombre no vulgar, tiene las adoraciones de un pueblo ignorante y la grita de uno iluminado. Los progresos en las ciencias, facilitando las comparaciones de los objetos y multiplicando las miras, contraponen muchos dictámenes los unos a los otros, que se modifican recíprocamente con tanta más facilidad cuanto se prevén en los otros las mismas ideas y las mismas resistencias. A la vista de las luces esparcidas con profusión en una nación calla la ignorancia calumniosa y tiembla la autoridad, desarmada de razones, en tanto que la vigorosa fuerza de las leyes permanece inalterable; porque no hay hombre iluminado que no ame los pactos públicos, claros y útiles a la seguridad común, comparando la poca de libertad inútil sacrificada por él a la suma de todas las libertades sacrificadas por los otros hombres que, sin leyes, podrían conspirar en contra suya. Cualquiera que tenga un alma sensible, echando una mirada sobre un código de leyes bien hechas y encontrando no haber perdido más que la funesta libertad de hacer mal a otro, será obligado a bendecir el trono y quien lo ocupa.

No es verdad que las ciencias sean siempre dañosas a la humanidad; y cuando lo fueron, era un mal inevitable para los hombres. La multiplicación del género humano sobre la faz de la tierra introdujo la guerra, las artes más rudas; las primeras leyes, que eran pactos momentáneos, nacían con la necesidad y perecían con ella. Ésta fue la primera filosofía de los hombres, cuyos pocos elementos eran justos, porque su indolencia y poca sagacidad los preservaba del error. Pero las necesidades se multiplicaban cada vez más con la multiplicación de los hombres. Eran, pues, necesarias impresiones más fuertes y más durables que los separasen de los continuados regresos que hacían al primer estado de desunión, siempre más y más funesto. Así hicieron un gran bien a la humanidad aquellos primeros errores que poblaron la tierra de falsas divinidades (digo gran bien político), y que crearon un universo invisible, regulador del nuestro. Fueron bienhechores de los hombres aquellos que se atrevieron a sorprenderlos y arrastraron a los altares la ignorancia dócil. Presentándoles objetos colocados más allá de lo que alcanzaban los sentidos que se les huían delante, en proporción que creían alcanzarlos; nunca despreciados, porque nunca bien conocidos, reunieron y fijaron las pasiones, divididas en uno solo, que los ocupaba fuertemente. Éstas fueron las primeras mudanzas de todas las naciones que se formaron de pueblos salvajes: ésta fue la época de la formación de las grandes sociedades; y tal fue el vínculo necesario, y acaso el único. No hablo de aquel pueblo elegido de Dios, en quien los milagros más extraordinarios y las gracias más señaladas tuvieron lugar de política humana. Pero como es propiedad del error subdividirse hasta lo infinito, así las ciencias que nacieron hicieron de los hombres una muchedumbre fanática de ciegos, que en un laberinto cerrado se tropezaban y atropellaban de modo que algunas almas sensibles y filosóficas desearon a su pesar el antiguo estado salvaje. He aquí la primera época en que las luces, o por mejor decir, las opiniones son dañosas.

La segunda es en el difícil y terrible paso de los errores a la verdad, de la oscuridad no conocida a la luz. El choque inmenso de los errores útiles a pocos poderosos, contra las verdades útiles a muchos desvalidos, la reunión y el fermento de las pasiones que se despiertan en aquella ocasión, causan infinitos males a la miserable humanidad. Cualquiera que reflexione sobre las historias, en quienes después de algunos intervalos de tiempo se halla cierta semejanza en cuanto a las épocas principales, encontrará muchas veces una generación entera sacrificada a la felicidad de aquellas que le suceden en el trabajoso pero necesario paso de las tinieblas de la ignorancia a la luz de la filosofía, y de la tiranía a la libertad, que son las consecuencias. Pero cuando calmados los ánimos y extinguido el fuego que ha purificado a la nación de los males que la oprimen; la verdad, cuyos progresos son lentos al principio y después acelerados, se sienta como compañera sobre el trono de los monarcas, y tiene culto y aras en los parlamentos de las repúblicas: ¿quién podrá entonces afirmar que el resplandor que ilumina la muchedumbre sea más dañoso que las tinieblas, y que las verdaderas y simples relaciones de las cosas bien conocidas por los hombres les sean funestas?

Si la ciega ignorancia es menos fatal que el mediano y confuso saber, porque éste añade a los males de la primera los del error inevitable en quien tiene una vista limitada a espacios más cortos, que aquel donde llegan los confines de la verdad; el hombre iluminado es el don más precioso que puede hacer a la nación y a sí mismo el soberano, creándolo depositario y guardador de las leyes santas. Enseñado a ver la verdad y a no temerla, privado de la mayor parte de las necesidades de la opinión, nunca bastantemente satisfechas, que hacen experiencia de la virtud en la mayor parte de los hombres, acostumbrado a contemplar la humanidad desde las más elevadas atalayas, es en su inteligencia la nación una familia de hombres hermanos, pareciéndole tanto menor la distancia de los grandes al pueblo, cuanto es mayor la masa de la humanidad misma que tiene delante de los ojos. Los filósofos tienen cuanto necesitan; y de los intereses no conocidos por los hombres comunes aquél principalmente de no desmentir en la luz pública los principios predicados en la oscuridad, adquiriendo el hábito de amar la verdad por sí misma. Un escogimiento de tales hombres forma la felicidad de una nación; pero felicidad momentánea si las buenas leyes no aumentan de tal manera el número que disminuyan la probabilidad, siempre considerable, de una mala elección.

CAPÍTULO XLIII

MAGISTRADOS

Otro medio de evitar los delitos es interesar el magistrado, ejecutor de las leyes, más a su observancia que a su corrupción. Cuanto mayor fuere el número que lo componga, tanto es menos peligrosa la usurpación sobre las leyes, porque la venalidad es más difícil en miembros que se observen entre sí, y son menos interesados en acrecentar la autoridad propia cuanto es menor la porción que tocaría a cada uno, principalmente comparada con el peligro del atentado. Si el soberano, con el aparato y con la pompa, con la austeridad de los edictos, y con no permitir las quejas justas e injustas de los que se juzgan ofendidos, acostumbra a los súbditos a temer más a los magistrados que a las leyes, éstos se aprovecharán de su temor más de lo que convenga a la seguridad privada y pública.

Capítulo XLIV

RECOMPENSAS

Otro medio de evitar los delitos es recompensar la virtud. Sobre este asunto observo al presente en las leyes de todas las naciones un silencio universal. Si los premios propuestos por las academias a los descubridores de las verdades provechosas han multiplicado las noticias y los buenos libros, ¿por qué los premios distribuidos por la benéfica mano del soberano no multiplicarían asimismo las acciones virtuosas? La moneda del honor es siempre inagotable y fructífera en las manos del sabio distribuidor.

CAPÍTULO XLV

EDUCACIÓN

Finalmente, el más seguro pero más difícil medio de evitar los delitos es perfeccionar la educación, objeto muy vasto y que excede los límites que me he señalado: objeto (me atrevo a decirlo) que tiene vínculos demasiado estrechos con la naturaleza del gobierno (*ss*) para permitir que sea un campo estéril y solamente cultivado por un corto número de sabios. Un grande hombre, que ilumina a la misma humanidad que lo persigue, ha hecho ver por lo menos cuáles son las principales máximas de educación[7] verdaderamente útiles a los hombres, esto es, que consisten menos en una estéril muchedumbre de objetos, que en la elección y brevedad de ellos; en sustituir los originales a las copias en los fenómenos así morales como físicos, que el accidente o la industria ofrece a los tiernos ánimos de los jóvenes; en guiar a la virtud por el camino fácil del dictamen, y en separar del mal por el infalible de la necesidad y del inconveniente, en vez de hacerlo por el incierto del mando y de la fuerza, por cuyo medio se obtiene sólo una disimulada y momentánea obediencia.

---

[7] J. J. Rousseau, *Emilio.*

CAPÍTULO XLVI

DEL PERDÓN

A medida que las penas son más dulces, la clemencia y el perdón son menos necesarios. ¡Dichosa aquella nación en que fuesen funestos! Esta clemencia, esta virtud, que ha sido alguna vez en un soberano el suplemento de todas las obligaciones del trono, debería ser excluida en una perfecta legislación, donde las penas fuesen suaves y el método de juzgar arreglado y corriente. Parecerá esta verdad dura a los que viven en el desorden del sistema criminal, en que los perdones y las gracias son necesarios en proporción de lo absurdo de las leyes y de la atrocidad de las sentencias. Ésta es la más bella prerrogativa del trono, éste el atributo más apetecible de la soberanía, y ésta es la tácita desaprobación que los benéficos dispensadores de la felicidad pública dan a un código que, con todas las imperfecciones, tiene en su favor la preocupación de los siglos, el voluminoso y arbitrario atavío de infinitos comentadores, el grave aparato de las formalidades eternas, y el apego de los más astutos habladores y menos temidos semidoctos. Pero considérese que la clemencia es virtud del legislador, no del ejecutor de las leyes; que debe resplandecer en el código, no en los juicios particulares; que hacer ver a los hombres la posibilidad de perdonar los delitos, y que la pena no es necesaria consecuencia suya, es fomentar el halago de la impunidad y manifestar que, pudiéndose perdonar, las sentencias no perdonadas son más bien violencias de la fuerza que providencias de la justicia. ¿Qué deberemos pensar cuando el príncipe concede perdón, esto es, la seguridad pública a un particular, y que con un acto privado de mal entendida beneficencia forma un decreto público de impunidad? Sean, pues, inexorables las leyes e inexorables sus ejecutores en los casos particulares; pero sea suave, indulgente y humano el legislador. Sabio arquitecto, haga que su edificio se levante sobre las bases del propio amor, y que el interés general sea lo que resulte de los intereses particulares, para no verse obligado cada instante a separar con leyes parciales y con remedios tumultuarios el bien público del bien de cada uno, y a elevar el simulacro de la salud pública sobre el terror y sobre la desconfianza. Profundo y sensible filósofo deje que los hombres, hermanos suyos, gocen en paz aquella corta porción de felicidad, que el inmenso sistema establecido por aquel que conocemos como primera causa, les permite gozar en este ángulo del universo.

Capítulo XLVII

CONCLUSIÓN

Con esta reflexión concluyo. La gravedad de las penas debe ser relativa al estado de la nación. Más fuertes y sensibles deben ser las impresiones sobre los ánimos endurecidos de un pueblo recién salido del estado de barbarie. Al feroz león, que se revuelve al golpe de un arma limitada, lo abate el rayo. Pero a medida que los ánimos se suavizan, en el estado de sociedad crece la sensibilidad, y creciendo ésta, debe disminuirse la fuerza de la pena, siempre que quiera mantenerse una relación constante entre el objeto y la sensación.

De cuanto hasta aquí se ha dicho puede sacarse un teorema general muy útil, pero poco conforme al uso, legislador ordinario de las naciones, esto es: *para que toda pena no sea violencia de uno o de muchos contra un particular ciudadano, debe esencialmente ser pública, pronta, necesaria, la más pequeña de las posibles en las circunstancias actuales, proporcionada a las delitos, dictada por las leyes.*

FIN

NOTAS

CAPÍTULO II

DERECHO DE CASTIGAR

(*a*) Ha sido criticada como una aserción positiva, según la opinión de Beccaria, que todo hombre quisiera, *si fuese posible*, hallarse libre de las obligaciones que ligan a los demás hombres y hacer de sí mismo el centro de todas las combinaciones del universo.

Esta crítica es injusta. El autor del libro *De los delitos* no ignora que semejante pretensión sería una quimera; pues el *si fuese posible* es una condición que lo indica muy claramente; siendo indudable que debe considerarse como quimera querer un imposible. No se trata aquí de un *hombre sensato*, ni de aquel momento de reflexión en que el hombre duda con precisión de las ventajas y de los inconvenientes que le resultan del estado social contrapuesto al estado de libertad ilimitada de cada individuo antes de su reunión; se trata de aquellos momentos de pasiones y de ignorancia en que el hombre que ha consentido en perder una parte de su libertad, quisiera no obstante ejercerla sin restricción; se trata de aquellos deseos ocultos y siempre existentes en el corazón, por los que sufrimos; por la parte de libertad que hemos sacrificado, a pesar de las ventajas que este sacrificio nos ha procurado.

"El autor italiano sabe muy bien, y lo dice en varias partes, que *si la ley no obliga al individuo, ningún miembro de la sociedad estará obligado para con él*, y que el individuo *perdería en ello más que ganaría.* Pero tampoco es menos cierto que cada individuo, en el instante de su pasión, y aun habitualmente, querría, o a lo menos desearía, con un deseo débil si se quiere, y siempre reprimido, pero que no sería menos real, desearía, digo, que si fuese posible, las convenciones que ligan a los demás no le ligasen a él." (Nota inédita del abate Morellet.)

CAPÍTULO III

CONSECUENCIAS

(*b*) En los estados monárquicos el príncipe es la parte que persigue a los acusados y hace que los castiguen o absuelvan; y si él mismo los juzgase, sería juez y parte.

Frecuentemente tiene el príncipe en estos mismos estados las confiscaciones; y si juzgase los delitos, sería de nuevo juez y parte. (Montesquieu, *Espíritu de las leyes*, lib. VI, cap. 5.)

—"El soberano asegura en general que, por tal hecho o en tal caso, el contrato social queda violado; pero no por esto acusa de este hecho al hombre que se trata de juzgar; y en el acto mismo en que la parte pública se queja contra él no hace más que pedir el que se informe. El acusador es aquel que afirma que un tal ha cometido tal acción. El autor ha conocido él mismo, que la regla del justo y del injusto es para el juez una simple cuestión de hecho. También ha dicho que los decretos están siempre en oposición con la libertad política, cuando no son una aplicación particular de una máxima general. Tres cosas son pues las que hay que distinguir aquí: la máxima que el soberano establece, el hecho particular que el acusador afirma, y la aplicación que hace el juez de esta máxima a este hecho después de haberlo hecho constar. Luego el soberano no és la parte del acusado, ni tampoco es ésta una razón para que no pueda ser el juez." (Nota de Diderot.)

CAPÍTULO VI

PROPORCIÓN ENTRE LOS DELITOS Y LAS PENAS

(*c*) "Nuestras leyes no han distinguido ni los delitos, ni las penas; no han hecho más que una división de los crímenes por su modo, por su especie, por su objeto y por sus grados. ¡Qué diferencia hay sin embargo entre los crímenes por su objeto! ¡Los unos atacan más directamente a los particulares, y los otros al público; los unos al soberano, y los otros al mismo Dios! ¡Qué diferencia de los crímenes por sus grados! ¡Cuántas variedades hay que designar, y cuántos delitos que distinguir! Desde la irreverencia hasta el sacrilegio, desde la murmuración hasta la sedición, desde la amenaza hasta el homicidio, desde la maledicencia hasta la difamación, y desde la más tosca ratería hasta la invasión!" (Servan, *Discurso sobre la administración de la justicia criminal.*)

(*d*) "La primera cosa que llama mi atención en el examen de las leyes penales inglesas es que entre las diferentes acciones que los hombres están obligados a hacer diariamente, hay ciento sesenta que un acto del Parlamento ha declarado crímenes capitales e irremisibles, es decir, que deben ser castigados de muerte. Y cuando se busca la naturaleza de los crímenes que componen este formidable catálogo, se encuentra que son sólo unas faltas que merecerían apenas unos castigos corporales, mientras que omite las maldades de una naturaleza más atroz. El robo más simple, cometido sin ninguna especie de violencia, es tratado algunas veces como el crimen más enorme. Descarriar una oveja o un caballo, arrancar alguna cosa de las manos de un individuo y echar a huir, robar cuarenta chelines en una casa que se habita, o cinco en una tienda; tomar en la faltriquera de alguno el valor de doce pences (cerca de cinco reales de vellón, o veinticuatro sueldos de franela) son otros tantos crímenes que merecen la muerte, al paso que no se juzga digno de una pena capital un falso testimonio que amenaza la cabeza de un acusado, ni un atentado sobre la vida, aunque fuese la de un padre. La multa y la cárcel son la sola expiación que se exige de aquel que habrá dado de puñaladas a un hombre, de la manera la más cruel, siempre que después de un largo padecer, le quede a este desgranado bastante vida para arrastrar aun unos días enfermizos y dolorosos. Tampoco la pena es más severa contra el incendiario siempre que haya pasado escritura de la casa que quema, aun cuando ésta esté situada en el centro de la ciudad, y por consiguiente la vida de algunos centenares de ciudadanos, expuesta a perecer en llamas." (Mirabeau, *Observaciones sobre Bicêtre.*)

—Un impostor, que se decía *Constantino Ducas*, movió una gran sublevación en Constantinopla, fue cogido y condenado a la pena de azotes; pero habiendo acusado este rebelde a diversas personas de consideración, le condenaron como calumniador a ser quemado vivo. Es singular cosa que hubiesen proporcionado así sus penas entre el delito de lesa majestad y el de calumnia. – Setenta personas se conjuraron contra el emperador Basilio, el que mandó azotarlas, y quemarles barba y pelo. Habiéndose trabado la cornamenta de un ciervo en la cintura del emperador, sacó la espada uno de su comitiva, cortó el cinto, y libertó a Basilio. Éste mandó que cortasen la cabeza a su libertador, porque había desenvainado, decía, la espada contra él. ¿Quién podría discurrir que se hubiesen dado ambos juicios en tiempo de un mismo emperador? – Los ladrones crueles en la China son descuartizados, pero no los otros; esta diferencia es causa de que se roba, pero no se asesina allí. – En Rusia, en que la pena de los ladrones y la de los asesinos es la misma, matan siempre: los muertos, dicen, no vienen a contarlo. (Montesquieu, *Del espíritu de las leyes*, lib. VI, cap. 16.)

CAPÍTULO VII

ERRORES EN LA GRADUACIÓN DE LAS PENAS

(*e*) No pongo en la clase de delitos que interesan a la religión, sino los que la atacan directamente, como son todos los simples sacrilegios. Porque los delitos que turban el ejercicio de ella son de la naturaleza de aquellos que ofenden el sosiego y seguridad de los ciudadanos, y han de referirse a estas clases.

Para que la pena de los sacrilegios simples, se tome de la naturaleza[1] de las cosas, ha de consistir en la privación de cuantas ventajas proporciona la religión; la expulsión del templo, privación temporal o perpetua de la sociedad de los fieles, fuga de su presencia, execraciones, detestaciones y conjuros.

En las cosas que turban el sosiego o seguridad del Estado, pertenecen las acciones ocultas a la jurisdicción de la justicia humana; pero en cuanto a las que ofenden a la divinidad, no hay allí acción

[1] Publicó tan extremadas leyes San Luis contra los que juraban, que el Papa se creyó obligado a advertírselo. Este príncipe moderó su celo y templó sus leyes. (*Véanse sus reglamentos.*)

pública, ni materia de delito; pasa todo entre el hombre y Dios, el que por sí solo arregla la medida y el tiempo de sus venganzas. Y si confundiendo las cosas el magistrado hiciera también pesquisas sobre el oculto sacrilegio, ejercería una inquisición que no es necesaria sobre esta clase de acciones, y destruiría la libertad de los ciudadanos, armando contra ellos el celo de las conciencias tímidas y el de las atrevidas.

El mal ha nacido de la idea de que es necesario vengar a la divinidad. Es necesario hacer honrar a la divinidad, pero nunca vengarla. En efecto, si esta última idea hubiera de ser el norte de nuestra conducta, ¿cuándo darían fin los suplicios? Y si las leyes humanas tienen que vengar a un ser infinito, se arreglarán a su infinidad, y no a las flaquezas, ignorancias y caprichos de los mortales.

Un historiador de Provenza[2] refiere un hecho que nos pinta muy bien la impresión que puede producir en los espíritus débiles esta idea de vengar la divinidad. Acusado un judío de haber blasfemado contra la Santa Virgen, le condenaron a ser desollado. Varios caballeros enmascarados, con un cuchillo en la mano, subieron al cadalso, del que echaron al verdugo, para vengar por sí mismos el honor ultrajado de la Virgen Santísima... No quiero adelantarme a las reflexiones del lector. (Montesquieu, *Del espíritu de las leyes*, lib. XIII, cap. 4.)

CAPÍTULO IX

DEL HONOR

(*f*) Esta razón es falsa. La falta de claridad de los principios morales proviene del aglomeramiento de las pasiones humanas que los oscurecen, de la multiplicidad de sistemas filosóficos, de la inatención y de la imbecilidad de la mayor parte de los lectores. (Nota de Brissot de Warville.)

(*g*) Hemos seguido, en esta frase, a un traductor inglés que ha

[2] El padre Bongerel.

abreviado un poco el original para hacerle más claro. He aquí el texto: "Según los diferentes aspectos bajo los cuales la idea del honor se presenta al entendimiento, así ella también encierra algunas veces, y otras excluye, algunos de estos elementos que la componen, no conservando en estas diversas situaciones más que un pequeño número de elementos comunes, como varias cantidades algebraicas admiten un común divisor. Para hallar este divisor común de las diferentes ideas que los hombres se forman del honor, echemos una mirada rápida sobre la formación de las sociedades." (Traducción de Morellet.)

Es lástima que haya dos o tres pasajes como éste en la admirable obra *De los delitos y de las penas*; pero nuestro simple deber de traductor nos obliga a presentarlo todo con fidelidad.

Capítulo X
DE LOS DUELOS

(*b*) "¿En qué *consiste* esta preocupación del duelo que debería *tratarse* de destruir? Según la opinión más extravagante y bárbara que jamás entró en el entendimiento humano hay que saber que el valor suple a todos los deberes de la sociedad; que un hombre no es ya falaz, pícaro, calumniador; que es civil, humano y político cuando sabe batirse; que la mentira se cambia en verdad; que el robo llega a ser legítimo, la perfidia honrada, la infidelidad laudable, tan luego como todo esto se sostiene con el acero en la mano; que una afrenta queda siempre bien reparada con una estocada, y que nunca se tiene culpa con un hombre, con tal que se le mate.

"Hay, yo lo confieso, otro caso diferente en que la gentileza se mezcla con la crueldad, y en el que no se mata a la gente más que por casualidad; es el en que se baten a primera sangre. A primera sangre, ¡oh, Dios! ¿Y qué quieres tú hacer de esta sangre, bestia feroz? ¿Te la quieres beber?..." (J. J. Rousseau, *Carta a Dalembert sobre los espectáculos*.)

Capítulo XIII

DE LOS TESTIGOS

(*i*) "Que se me permita recordar una costumbre muy antigua y bastante recibida en general en los tribunales, quiero decir, el uso de purgar la infamia de los testigos por medio del tormento, como si la fuerza o la debilidad de los músculos pudiese decidir de la buena o mala reputación, y como si unos testigos fuertes y nerviosos fueran precisamente los más hábiles para el testimonio. ¿No sería esto decir que deponen su infamia en los tormentos de la misma manera que las serpientes dejan su horroroso despojo entre los abrojos y las malezas?..." (Paul Rizzi, *Observaciones sobre el proceso criminal.*)

(*j*) El autor ha dicho (cap. XVIII): "La pena de infamia priva al ciudadano de la consideración y de la confianza que la sociedad le acordaba". Luego el condenado está en el mismo caso que el hombre notado de infamia, pues que ambos han perdido la confianza pública; y en tal caso sus testimonios no deben ser recibidos más que como unos indicios y no como pruebas." "Los testigos deben ser creídos cuando no tienen ningún interés en mentir." Pero, ¿quién puede asegurarse nunca de que los malos e infames no tengan alguna animosidad, algún rencor personal, o algún motivo oculto para sorprender la rectitud de los jueces? Si se debe dar crédito a testigos semejantes, ¿quién osará reposar sobre su inocencia? ¡Pues que han perdido la confianza pública y gozarían de la de la ley... y la vida y el honor de los ciudadanos dependería de su testimonio!... (Nota de Diderot.)

(*k*) La razón exige dos testigos; porque la deposición de un testigo que afirma, y un reo que niega, forman un empate, y un tercero es necesario para desvanecerle. (Montesquieu, *Del espíritu de las leyes*, lib. XII, cap. 3.)

"Aunque por este medio se escapan algunos crímenes de la venganza de los tribunales humanos, porque no hay más que un testigo, este inconveniente es menos que aquel en que se estaría expuesto, si los bienes y la vida de cada uno dependiesen de la habilidad para mentir y de la desvergüenza de un malvado." (Puffendorf, *Derecho de la naturaleza y de gentes*, lib. V.)

(*l*) Este excelente capítulo vale más, sin que se diga contra, que todo ese conjunto de cosas preconizado por muchos criminalistas sobre los testigos. Pero no es más que un texto muy corto, propio para dar a luz unas glosas bien filosóficas y bien útiles. (Nota de Brissot de Warville.)

CAPÍTULO XV

ACUSACIONES SECRETAS

(*m*) "Si es del interés de la sociedad el que los delitos no queden impunes, debe serlo aún mucho más el que los inocentes no sean entregados a unos suplicios crueles, y el que no se haga ejemplos en la persona de aquellos que no están expuestos a la corrección pública más que porque se admiten contra ellos los horrores de la calumnia." (Heineccius, citado en las observaciones de Pablo Rizzi, *Sobre el proceso criminal.*)

CAPÍTULO XVI

DEL TORMENTO

(*n*) "Se debe tener por demente al hombre que a sí mismo se acusa de un crimen, porque solamente puede hacerlo por un exceso de furor, en un estado de embriaguez, por inadvertencia, por la fuerza del dolor, o por temor de los tormentos. Nadie puede hablar contra sí, para perderse, a menos de no ser violentado." (*Quintiliano en sus declam.*)

(*o*) Si el autor hubiese dicho: "Un crimen no puede ser castigado sino para evitar que otros hombres cometan otros semejantes, o que el mismo hombre no cometa otros, habría conocido él mismo el vicio de su razonamiento. Mientras que el autor de un vicio es ignorado, no es castigado; está libre y puede hacer de su libertad el mismo uso que antes ha hecho. Así pues, para impedir que vuelva a hacer mal es de toda utilidad el que sea descubierto." (Nota de Diderot.)

(*p*) He aquí la traducción literal de este pasaje que Voltaire hallaba demasiado metafísico:

"Este infame medio de descubrir la verdad es un monumento de la bárbara legislación de nuestros padres, quienes honraban las pruebas del fuego, del agua hirviendo, y de la suerte dudosa de los combates, que llamaban *juicios de Dios*; como si los eslabones de esta cadena eterna, cuyo principio se halla en el seno de la divinidad, pudiesen desunirse y romperse a cada momento, a voluntad de los caprichos, y de las frívolas instituciones de los hombres."

(*q*) Sería mejor dicho: "La constancia, la paciencia, la fuerza del sufrimiento, la resistencia al dolor, y no la *sensibilidad*." "La sensibilidad de todo hombre es limitada", significa que existe un grado de sufrimiento, pasado el cual, el hombre es insensible; y precisamente no es esto lo que aquí ha querido dar a entender el autor. (Nota de Diderot.)

(*r*) "Una mujer viuda del lugar de Ycci desapareció repentinamente, sin que desde entonces volviese a ser vista en ninguno de los lugares circunvecinos; la noticia que corrió decía que algún malvado la había asesinado y enterrado su cadáver en algún paraje oculto, para que su crimen fuese más ignorado. El juez criminal de la provincia mandó hacer las pesquisas. Sus agentes descubrieron, por casualidad, a un hombres escondido entre unas malezas, que les pareció estaba como asustado y temeroso; prendiéronle, y con la sola sospecha de que era el autor del crimen, fue denunciado a la presidencia provincial. Este desgraciado manifestó sufrir el tormento con valor; pero, probablemente por un efecto de desesperación, o tal vez cansado de vivir, concluyó por declararse reo. Por sólo su declaración, sin más pruebas, fue sentenciado a muerte y ejecutado. Dos años después de esta ejecución, la mujer que creían muerta, y que no estaba sino ausente, volvió al lugar. La voz pública se elevó contra los jueces. Habían condenado al acusado (como sucede con frecuencia) sin haber antes hecho constatar el homicidio." (Annœus Robert, *Recopilaciones de sentencias*, citado en las observaciones de Pablo Rizzi, *Sobre el proceso criminal*.)

"En los crímenes capitales, si no hay otras pruebas, la sola confesión de un acusado no basta para condenarle, porque pudiera muy bien acontecer que la confesión procediese de turbación o desesperación." (Domat., *Leyes civiles, etc.* Lib. III, sec. 5.)

(*s*) El autor no debe disimular de que está aquí lo más fuerte de la dificultad, y la parte débil de su respuesta. *Se da tormento a un acusado para descubrir sus cómplices*, y es cierto de que todos los días se descubren por este medio cruel. Todo el mundo aborrece el tormento antes de la convicción del crimen; pero en un criminal se necesita además de este tormento para arrancarle, además de la confesión de sus cómplices y el medio de cogerlos, la indicación de las pruebas para convencerlos. La pena del crimen está justificada por la necesidad de evitar otros; luego si el crimen es de naturaleza a que se le pueda suponer cómplices, como los robos y asesinatos cometidos por atropamiento, y que, ni los *testigos* ni las *pruebas* bastan para desenredar el hilo de la complicidad, el tormento será justo como otra cualquier pena y por la misma razón. (Nota de Diderot.)

(*t*) ¡Cuán débil es esta razón! Huyen de un bosque a otro. Pasan de una ciudad a otra, ¿pero se destierran del Estado? Y aun cuando se desterrasen, ¿la humanidad para con un culpable debe ser antepuesta al cuidado de limpiar los pueblos de los salteadores de caminos, y de los asesinos que se envían a ellos por una falsa compasión? Considérese que unos cuantos minutos de tormento que se haga padecer a un malvado (convicto) pueden salvar la vida a cien inocentes que van a perecer entre las manos de sus cómplices, y el tormento parecerá (entonces) un acto de humanidad. (Nota de Diderot.) Pero Diderot se ha engañado. La supresión del tormento ha convencido de su inutilidad, y Beccaria, suprimiendo los suplicios crueles, ha hecho desaparecer, en cierto modo, a los grandes malvados.

CAPÍTULO XVIII

DE LOS JURAMENTOS

(*u*) Esta proposición no es ni verdadera ni filosófica. El autor, adoptándola, pone en las manos de los devotos fanáticos un arma peligrosa de la que se sirven contra él mismo. Esta máxima sirve de pretexto para paliar las persecuciones que las letras y la filosofía experimentan. Además, esta opinión no se concilia con las otras ideas esparcidas en esta excelente obra. (Nota inédita del abate Morellet.)

CAPÍTULO XIX

PRONTITUD DE LA PENA

(*v*) "Echad una mirada sobre estos tristes muros, en donde la libertad humana está encerrada y cargada de hierros, en donde a veces la inocencia está confundida con el crimen... Acercaos, y si el ruido horrendo de los hierros, si las tinieblas espantosas, y unos gemidos sordos y lejanos, hiriendo vuestro corazón, no os hacen retroceder amedrentados, entrad en esta estancia de dolor..., y bajo de estas facciones o rasgos desfigurados, contemplad a vuestros semejantes lacerados por el peso de sus hierros, medio cubiertos de andrajos, infestados por un aire que jamás se renueva y parece que se impregna en el veneno del crimen, roídos vivos por los mismos insectos que devoran los cadáveres en los sepulcros, nutridos apenas con algunas sustancias groseras distribuidas con mezquindad, continuamente consternados por los gemidos de sus desgraciados compañeros, y las amenazas de un guardián inhumano, y menos atemorizados por el suplicio que atormentados por esperarle; en este largo martirio de todos sus sentidos, estos desventurados piden una muerte, más dulce que su vida desdichada. Si estos hombres son culpables, aun son dignos de compasión; y el magistrado que difiere su sentencia es manifiestamente injusto para con ellos... Pero si estos hombres son inocentes..." (Servan, *Discurso sobre la administración de la justicia criminal.*)

(*x*) "Tan luego como el ejemplo del crimen se ha dado, no hay ya que perder un momento, es menester que el castigo le siga. Si se difiere, todo es perdido; y puede ser que una multitud de malos ciudadanos, no esperasen más que una vislumbre del ejemplo, para inflamar los vicios ya preparados... He aquí el grande objeto de la justicia criminal, un ejemplo para lo venidero, más bien que la venganza de lo pasado. Ésta es una pasión de que las leyes están exentas." (Servan, *Discurso sobre la administración de la justicia criminal.*)

(*y*) "El marqués de Beccaria ha observado muy bien que las dilaciones prolongadas entre el crimen y la pena destruyen casi todo el fruto que se podía esperar del ejemplo. El delito está ya olvidado, tan luego como la sentencia se ha puesto en ejecución. El espectador no ve más que el castigo del criminal en la muerte del individuo. Por una consecuencia necesaria, ningún sentimiento lleva consigo la equidad de la ley, ni el riesgo de violarla; todas sus afecciones se reducen a una compasión estéril, por los dolores del desgraciado que ha visto perecer.

"Pero hay una razón mucho más importante aún para que una vez que el delito se haya cometido, se forme el proceso lo más pronto posible, y es la de que éste puede muy bien manifestar su inocencia. El entendimiento humano no puede, sin penetrarse de horror, concebir la cuestión preparatoria que en Francia se empleaba otras veces. ¡Y bien!, el encarcelamiento largo tiempo antes del proceso, dimana del mismo origen, aunque no está acompañado de la misma crueldad; pues, en los dos casos, se empieza por infligir una pena, y después se examina despacio si el desgraciado que la sufre es inocente o culpable. Al cabo de siete u ocho meses privado de su libertad, después de haber sufrido en este intervalo todos los horrores de la prisión, el infortunado es conducido en fin delante del juez que, sobre sus interrogatorios, le declara perfectamente inocente. ¿Qué resulta de esto? A la verdad, su reputación queda restablecida, pero su salud nunca lo estará; puede ser también que haya perdido para siempre los medios de ganar su vida, y que encuentre a su desgraciada familia en alguna casa de misericordia, en donde la vergüenza y la miseria la han obligado a refugiarse." (Mirabeau, *Observaciones sobre Bicêtre.*)

Capítulo XXIII

INFAMIA

(*z*) Desearía que el autor hubiera hecho conocer la imprudencia que se comete de infamar al hombre, y al mismo tiempo dejarle libre. Este método absurdo llena nuestros bosques de asesinos. (Nota de Diderot.) Es inútil el añadir que estas cosas han cambiado un poco.

CAPÍTULO XXIV

OCIOSOS

(*aa*) "Se ve con frecuencia a un ciudadano que rehúsa a la sociedad el tributo de sus fuerzas o de su industria; un hombre ocioso empieza a ser un malvado. Se asemeja a los licores que se corrompen reposando, destruyen pronto el vaso que los contiene, y es menester o arrojarlos al momento, o hacerlos fermentar de nuevo.—El hombre público, si es vigilante, no dará tiempo a que la ociosidad pueda cambiarse en vicio. Pidiéndole cuenta de su inacción, le cortará de una vez el camino del crimen; hará sentir al ciudadano ocioso que habiendo llegado a ser sospechoso, es medio criminal, y en lo venidero, víctima entregada a la justicia, todas sus acciones serán continuamente espiadas. ¿Qué será la ociosidad para aquel a quien se quita toda esperanza de hacer mal? O se corregirá, o estará obligado a abandonar una tierra que solamente nutre a aquellos que la fructifican." (Servan, *Discurso sobre la administración de la justicia criminal.*)

CAPÍTULO XXV

DESTIERROS Y CONFISCACIONES

(*bb*) Confiscaciones por crímenes: atrocidad, estímulo en los jueces para que hallen culpables, sobre todo en la multitud codiciosa y pobre, de los jueces subalternos.

Otra atrocidad: y es que si sucede que el hombre sea inocente, pero que haya estado detenido en las cárceles, su crédito y su fortuna se han perdido, y su comercio trastornado. Algunas veces ha salido estropeado por resultas de la cuestión, o tormento; su salud está alterada, y él enviado sin indemnización de sus pérdidas. La ley coge todo al culpable, pero nada restituye al inocente. Dichoso aquel que puede escaparla. (Nota inédita de Diderot.)

CAPÍTULO XXVII

DULZURA DE LAS PENAS

(*cc*) Yo no creo esto. Sin duda que la costumbre de sufrir hace el que las almas sean insensibles, y la dureza del gobierno produce este efecto; pero cuando el estado de inocencia llegue a ser suave y tranquilo, las penas reservadas para el crimen atemorizarán sin endurecer, sin familiarizarse con la idea de llegar a tener los huesos rotos, y de morir en el suplicio.—En esta parte soy del mismo parecer del autor, sobre la inútil atrocidad de las penas. Así es que combato sus razones, pero no sus principios. (Nota de Diderot.)

(*dd*) La severidad de las penas conviene más a los gobiernos despóticos, cuyo principio es el terror, que a los monárquicos o republicanos que tienen por móvil el honor y la virtud.

En los estados moderados, el amor de la patria, la vergüenza y temor de la infamia son motivos represivos que pueden contener muchos delitos. La mayor pena de una acción será su convicción. Luego las leyes civiles corregirán allí más fácilmente, y no necesitarán de tanta fuerza. Un buen legislador en estos estados se dedicará menos a castigar los delitos que a impedirlos, y más se aplicará a introducir las buenas costumbres que a imponer suplicios.

La experiencia ha hecho reparar que en los países en que son suaves las penas, hacen igual impresión en el ánimo del ciudadano que en las demás partes las duras.

Examínese la causa de todas las relajaciones, y se verá que dimana de la impunidad de los delitos, y no de las penas moderadas.—Sigamos a la naturaleza, que dio la vergüenza a los hombres como un azote; y consista la mayor parte de la pena en la infamia de sufrir.—Si se hallan unos países en que la vergüenza no es una consecuencia del suplicio, procede esto de la tiranía, que ha impuesto iguales penas a los malvados que a los hombres honrados. (Montesquieu *Del espíritu de las leyes*, Lib. VI, cap. 9 y 12.)

CAPÍTULO XXVIII

DE LA PENA DE MUERTE

(*ee*) "El demasiado rigor contra un culpable repugna a la humanidad, porque no está aún bien decidido por los principios del derecho natural, hasta qué punto la vida de un hombre llega a estar en el poder de los demás." (El barón de Bielfeid, *Institución política*, cap. 4.)

Como la vida es el mayor de todos los bienes, por esto cada uno ha consentido en que la sociedad tuviese el derecho de quitarla a aquel que lo hiciese a otro. Nadie sin duda ha querido dar el derecho a la sociedad de quitársela cuando ésta quisiese, pero como también cada cual está ocupado en conservar la suya, y que ninguno prevé por él mismo la ninguna voluntad que tenía entonces para atentar contra la de su prójimo, ninguno ha visto tampoco sino la ventaja de infligir la pena de muerte, para la seguridad, la defensa y la venganza pública. Es muy fácil concebir al hombre que dice: "Yo consiento a que se me quite la vida, si atento contra la de los demás", se dice a sí mismo: "Yo no atentaré contra ninguna; y así la ley estará en mi favor, y no en mi contra." Este pacto sienta tan bien al orden de la naturaleza, que con frecuencia se hace en las sociedades particulares, como en las conspiraciones, en donde se jura bañarse en la sangre de aquel que revele el secreto. En cuanto a la justicia de esta pena, está fundada sobre la convención y sobre la utilidad común. Si ella es necesaria, sin duda es justa; pero queda a saber si en efecto es necesaria. (Nota de Diderot.)

(*ff*) Yo pienso lo mismo, y es imposible dejar de penetrarse de las razones que da el autor. Pero yo observo que renuncia, y con razón, a su principio de dulzura y de humanidad en favor del criminal. *En las cadenas bajo los golpes, y entre las barras de hierro, la desesperación no termina sus males, pero sí los empieza.* Este cuadro es aún más horroroso, que el del tormento y el suplicio que presenta, es en efecto más cruel que la misma muerte. Pero porque *da unos ejemplos frecuentes y duraderos*, su eficacia le hace preferible al último suplicio, que no dura más que un instante, y sobre el cual los criminales más decididos toman con frecuencia su resolución. He aquí, según mi modo de pensar, la mejor razón para preferir al homicidio una larga y dolorosa esclavitud. (Nota de Diderot.)

(*gg*) Revestir al hombre del empleo de verdugo es degradar a la humanidad, y es inconcebible hallar quién consienta esta degradación en su persona. Dudo mucho que ninguna educación humana pueda inclinar a estas funciones a alguna bestia por feroz que sea. Luego, éste es un inconveniente de los de la pena de muerte; a menos que los culpables no se condenen *ad bestias*, como hacían los romanos; lo que me parece menos contrario a la humanidad, aunque es en sí muy inhumano. (Nota inédita del abate Morellet.)

El desprecio legítimamente fundado hacia los ejecutores de la justicia, del cual es casi imposible se ponga a cubierto, ha sido general en todas las naciones y en todos los tiempos. La aversión que se tiene a las funciones de juez criminal, y que toda la razón no puede vencer, funciones necesarias que, para llenarlas, un alma un poco sensible no comprende como hay quién lo haga; he aquí unas contradicciones inexplicables. En algunas jurisprudencias se concede la vida al criminal que por su orden se la quita a sus compañeros... Éste es un medio muy seguro de hacer que los menos culpables perezcan, salvando al mismo tiempo a los más malévolos. (Nota inédita de Diderot.)

(*hh*) Esto no prueba que la pena de muerte sea injusta. He explicado cómo la voluntad pública había suscrito a ella, y también cómo es natural que las leyes hayan impuesto la muerte al matador. El horror que se tiene al verdugo dimana de la compasión que el hombre tiene a su semejante, la que sería igual si le viese en este estado *donde la desesperación no termina sus males, pero sí los empieza*. Armad al verdugo con cadenas y látigos; reducid su empleo, y dadle la facultad de hacer que la vida sea odiosa al criminal, y este espectáculo de dolor, del cual él será el ministro, le hará aborrecer lo mismo, y no por esto será menos justa la pena que hará sufrir al culpable. Luego el horror que se le tiene no es solamente una reclamación de la naturaleza, pero sí un movimiento maquinal, una repugnancia física que el hombre experimenta al ver sufrir a otro, de todo lo cual nada concluyo contra la bondad de la ley. Sentando esto una dura y cruel esclavitud, es pues una pena preferible a la de muerte, únicamente porque es más eficaz; y además es menester observar que esta esclavitud no será un suplicio horroroso más que en un país en que el estado del pueblo será benigno y cómodo. Además si la condición de los inocentes fuese casi tan penosa como la de los culpables, los sufrimientos de éstos no parecerían ya un suplicio, ni otros desgraciados, dignos de tanta compasión, se atemorizarían tampoco.

(*ii*) Entre las consideraciones que el autor acumula contra la pena de muerte se le ha escapado una muy poderosa para un corazón justo. Los jueces más íntegros, que pronuncian la ley más clara, y después de las pruebas que les parecerá excluir, como se dice, la posibilidad de la inocencia, no serán siempre infalibles. Podrán sí, confundir alguna vez al inocente con el culpable, y condenarle como tal. ¿Y si después su inocencia sale probada, qué dolor no tendrán por haber cometido una injusticia irreparable? ¿Podrán nunca consolarse de un error tan funesto? (*Acordarse de la sentencia de Calas.*)

Entonces, el medio más seguro de reparar esta falta es el de no pronunciar jamás la pena de muerte. Los jueces que hubiesen condenado a un inocente serían demasiado dichosos de poder no solamente justificar su reputación, pero sí hacer cesar sus desgracias y dar la libertad, que es más que la vida, a un desventurado a quien habrán privado de ella sin razón. Se podrán consolar de haber podido infamar la inocencia, apresurándose de romper sus cadenas, besar las señales y borrarlas con sus lágrimas.—De que se sigue que la pena de muerte es inicua, en cuanto quita a la inocencia, injustamente condenada, toda esperanza de gozar de toda rehabilitación, y a los jueces que han tenido la desgracia de condenarla, todo medio de reparar esta horrorosa falta. (Nota inédita del abate Morellet.)

(*jj*) La deserción es aún una reflexión sobre la pena de muerte que se ha aplicado a este delito, que no ha sido examinado por el autor. Hay muy pocos a quienes la pena de muerte me parece haber sido aplicada con más inconsecuencia, si se tiene presente que el desprecio de la muerte es precisamente lo que se quiere inspirar a los soldados. Se podrá decir que el género de muerte es diferente; que cuando es ignominioso puede atemorizar a los valientes que corren hacia una muerte gloriosa. Pero aquí esta diferencia es casi nula, pues que la pena de muerte contra un desertor, a lo menos en la mayor parte de los casos, no tiene nada de infamante. Así es que esta contradicción entre el espíritu militar y la ley arrastra un sinnúmero de infracciones. Un soldado, a quien algunos de sus compañeros proponen desertar, si acepta la proposición no es más que por el temor de ser deshonrado en el espíritu de éstos, y no pasar por un cobarde que teme a la muerte. (Nota inédita del abate Morellet.)

El castigo de muerte no se gradúa. No es más que la cesación de la vida, tanto para el joven de 18 años, como para el hombre de sesenta. De ningún modo me parece que esto sea indiferente.

Cuando se sentencia a muerte a un hombre de treinta años no se sabe lo que se hace. No se ha calculado, sin duda, que es él solo que ha sobrevivido entre veinte hombres. El legislador criminal ignora el precio de la vida de un hombre de treinta años. (Nota inédita de Diderot.)

CAPÍTULO XXIX

DE LA PRISIÓN

(*kk*) "El aparato y la forma en el arresto influyen mucho sin duda, pero en el fondo hay una diferencia real. La prisión militar, en la opinión pública, no supone más que una falta de disciplina; la civil supone un delito contra la policía, y ésta interesa más directamente al orden y a la tranquilidad pública. He aquí porqué esta última causa más vergüenza. El autor ha dicho, en cuanto al contrabando, que no trae consigo ninguna infamia; que los delitos que los hombres creen no poderles ser nocivos, no les interesan bastante para excitar la indignación pública." (Nota de Diderot.)

CAPÍTULO XXX

PROCESOS Y PRESCRIPCIONES

(*ll*) "Brissot de Warville ha refutado, en su *Teoría de las leyes criminales*, la opinión de Beccaria sobre la duración de la instrucción. El pensador Brissot pretende, y puede ser que con razón, que la instrucción de un crimen no debe hacerse con demasiada precipitación." (Nota de M. Chaillon, uno de los primeros traductores de Beccaria.)

(*mm*) Esto no es cierto, a lo menos en Francia, donde ha pasado en axioma que no se admite un segundo procedimiento por un hecho ya juzgado. (Nota de Brissot de Warville, *Biblioteca del legislador*, 1782.)

CAPÍTULO XXXVI

DE LA TALLA

(*nn*) "Ninguna fuerza hay de la cual un hombre no pueda escapar, y entonces ésta ya deja de serlo. Yo quisiera que el uso de poner la cabeza a precio fuese reservado para los crímenes más atroces, y sobre todo para el que atenta a la disolución y destrucción de la sociedad..."

Aquí concluyen las notas de Diderot.

"He aquí", dice al acabar, "todo lo que encuentro que decir de esta hermosa obra llena de talento y de virtud. Es muy esencial para la humanidad, que se lleve a su perfección; porque convence desde el principio hasta el fin al vulgo mismo, y es por medio de éste que las verdades útiles deben pasar para llegar como un grito público a los oídos del gobierno."

CAPÍTULO XXXVII

ATENTADOS, CÓMPLICES, IMPUNIDAD

(*oo*) La incertidumbre de los tribunales y la debilidad de la ley por lo que respecta a un crimen no conocido son de pública notoriedad. En vano se procuraría disimularlo. Nada puede balancear la ventaja de sembrar la desconfianza entre los malvados, haciéndolos entre sí sospechosos y formidables, con el fin de que teman continuamente, en sus mismos cómplices, otros tantos acusadores. Esto no puede acobardar sino al perverso, y todo lo que puede desanimarle es útil.—La delicadeza del autor es propia de un alma grande y generosa; pero la moral humana, cuyas bases son las leyes, tiene por objeto el orden público, y no puede admitir en la clase de sus virtudes la fidelidad de los malvados entre ellos mismos, para con más seguridad alterar el orden y violar las leyes. En una guerra abierta se reciben los tránsfugos; con mucha más razón deben ser acogidos en una guerra sórdida y tenebrosa, que no consiste más que en engaños y traiciones. (Nota de Diderot.)

(*pp*) "Considérese aquel primer momento en que la noticia de una acción atroz se divulga en las ciudades y campos. Los ciudadanos parecen a unos hombres que ven caer un rayo cerca de sí; la indignación y el horror ha penetrado en todas las almas; la imaginación atemorizada pinta con ardor el peligro, y los corazones enternecidos de piedad compadecen en el próximo los males que temen para sí. Éste es el momento crítico para castigar el crimen; no le perdáis, apresuraos en convencerle y condenarle... Conducid a los culpables a las plazas públicas, llamad al pueblo a altas voces, y entonces le veréis aplaudir la proclamación de vuestra sentencia como si fuese la de la paz o de la libertad..." (Servan, *Discurso sobre la administración de la justicia criminal.*)

(*qq*) "Un cómplice de Cartouche pasó los últimos diecinueve años de su vida en uno de los horrorosos calabozos de Bicêtre. Habíanle prometido conservársela por una revelación que ofreció hacer. Hízola y le tuvieron palabra, pero de una manera pérfidamente literal. Conserváronle la vida, mas su existencia llegó a ser su suplicio, y en el curso de diecinueve años, no se pasó un solo día sin que experimentase que hay males más horrendos que la muerte, que el había mirado como el peor de todos." (Mirabeau, *Observaciones sobre Bicêtre.*)

CAPÍTULO XLII

DE LAS CIENCIAS

(*rr*) Esta aserción no es más verdadera que la de J. J. Rousseau. Porque las ciencias sean más o menos esparcidas, no por esto producen más males. En todo caso sólo sería el abuso de ellas, porque pervierte su verdadero fin. (Brissot de Warville.)

CAPÍTULO XLV

EDUCACIÓN

(*ss*) Las *leyes de la educación* son las primeras que recibimos; y como nos preparan para ser ciudadanos, cada familia particular ha de gobernarse por el plan de la grande familia que las encierra todas.

Si el pueblo en general tiene un principio, las partes que le componen, esto es las familias, le tendrán también. Luego las leyes de la educación serán diferentes en cada especie de gobierno.

Tendrán por objeto en los monárquicos el honor, la virtud en las repúblicas, y el temor en los despotismos. (Montesquieu, *Del espíritu de las leyes*, lib. IV, cap. I.)

FIN DE LAS NOTAS

COMENTARIO
SOBRE EL LIBRO
DE LOS DELITOS Y DE LAS PENAS

Por VOLTAIRE
1766

N. B. Esta obra, cuya data no se halla indicada en las ediciones anteriores a la de M. Beuchot, es ciertamente del año 1766, y probablemente del mes de julio, pues el autor habla en ella de la ejecución del caballero La Barre, que tuvo efecto el 5 de junio. Una carta escrita el 28 de julio a Damilavile dice que este Comentario iba a darse a luz; y otra del 13 setiembre, a M. d'Argental, le anuncia ya el envío.

R.

Capítulo Primero

MOTIVO DE ESTE COMENTARIO

Estaba yo lleno de la idea de la lectura del librito *De los delitos y de las penas*, que en punto a moral, es lo mismo que los pocos remedios que podrían aliviar nuestras dolencias, en punto a la medicina. Me lisonjeaba que esta obra dulcificaría la barbarie que subsiste aún en la legislación de tantas naciones; esperaba que el género humano llegara a reformarse, cuando llegó a mí noticia de que se acababa de ahorcar en una provincia a una joven de dieciocho años, hermosa y graciosa, que tenía mucho talento, y que era de una familia muy honrada.

Su delito fue el de dejarse hacer una criatura. Cuánto mayor era el de haber abandonado el fruto de su amor. Esta joven desgraciada, huyendo del techo paterno, fue asaltada por los dolores del parto: parió sola y sin socorro al lado de una fuente. La vergüenza, que en el bello sexo es una pasión violenta, le dio la fuerza de volver a la casa de su padre y de ocultar su estado. Habiendo dejado expuesta a su criatura, se la encontró muerta al día siguiente; la madre, siendo descubierta, fue condenada a la horca y se ejecutó la sentencia.

La primera falta de esta joven hubiera debido, o ser ocultada en el secreto de una familia, o ser protegida por las leyes; porque sólo al seductor toca el reparar el mal que él mismo ha hecho; porque la debilidad tiene un derecho a esta indulgencia; porque todo habla en favor de una joven, cuyo embarazo oculto la pone a cada momento en peligro de muerte: que este embarazo, conocido, echa una mancha indeleble sobre su reputación, y que la dificultad de criar su criatura es una desgracia de más.

La segunda falta es mucho más criminal; abandona el fruto de su debilidad y la expone a perecer.

¿Pero, porque una criatura haya muerto, es ésta una razón para que muera la madre? Ella no le había matado; y se había lisonjeado de que algún pasajero tendría piedad de esta criatura inocente; también podía tener el designio de volver a buscarla y procurarla los socorros necesarios. Éste es un sentimiento tan natural, que debemos atribuirle al corazón de una madre. La ley contra la hija es positiva en la provincia de que hablo; ¿pero no es esta ley injusta, inhumana y perniciosa? Injusta, porque no sabe distinguir entre aquella que mata a su criatura, y la que la abandona; inhumana, pues que hace perecer cruelmente a una desgraciada, que no tiene más culpa que la de su anhelo por ocultar su desgracia; perniciosa, porque arrebata a la sociedad una ciudadana que debía de dar otros ciudadanos al Estado, en una provincia que se queja de su poca población.

La caridad no ha establecido aún en este país ninguna casa de socorros en la que los desamparados sean alimentados. En donde falta la caridad, la ley es siempre cruel. Mucho más valdría impedir estas desgracias, que son bastante comunes, que castigarlas. La verdadera jurisprudencia es la de impedir los delitos, y no la de dar la muerte a un sexo débil, cuando es evidente el que su culpa no ha sido acompañada de ninguna malicia, y que al contrario, la ha costado bastante caro.

Asegurad, lo mejor que podáis, un recurso para los que se conduzcan mal, y tendréis menos que castigar.

CAPÍTULO II

DE LOS SUPLICIOS

Esta desgracia y esta ley tan cruel, que han conmovido mi sensibilidad, me han hecho echar la vista sobre el código criminal de las naciones. El humano autor de *De los delitos y de las penas* tiene demasiada razón en quejarse de que el castigo es muy a menudo superior al crimen, y no rara vez pernicioso para el Estado, cuyo bien debe ser su único objeto.

Los suplicios refinados, que el entendimiento humano ha inventado para hacer la muerte horrible, parecen haber sido inventados más bien por la tiranía que por la justicia.

El suplicio de la rueda fue introducido en Alemania en tiempos de anarquía, en que los que se apoderaban de los derechos de regalía querían asustar, con la apariencia de un tormento horrible, a cualquiera que quisiese atentar contra ellos. En Inglaterra se abría el vientre del que era acusado de traición de *lesa majestad*, se le arrancaba el corazón, se azotaban los carrillos con él, y después se le echaba al fuego. ¿Pero, cuál era muchas veces este crimen de *lesa majestad*? Era el de haberse mantenido fiel a su soberano durante las guerras civiles, y algunas veces, el de haberse explicado con demasiada claridad, sobre el derecho dudoso del vencedor. En fin, las costumbres se dulcificaron; a la verdad, se ha seguido arrancando el corazón del criminal, pero esto se hace después de su muerte. El aparato es horrible, pero la muerte es dulce, si puede serla.

CAPÍTULO III

DE LAS PENAS CONTRA LOS HEREJES

La tiranía fue sobre todo la primera que promulgó la pena de muerte contra aquellos que diferían de la Iglesia dominante, en punto a algunos dogmas. Antes del tirano Máximo, ningún emperador cristiano había imaginado condenar un hombre al suplicio sólo por unos puntos de controversia. Es verdad que fueron dos obispos españoles los que persiguieron hasta la muerte a algunos priscilianistas; pero no es menos verdad que el tirano Máximo quería agradar al partido dominante, derramando la sangre de los herejes. La barbarie y la justicia le eran igualmente indiferentes. Celoso de Teodosio, español como él, se lisonjeaba de poderle arrebatar el imperio de Oriente, como lo había hecho con el de Occidente. Teodosio se había hecho aborrecer por sus crueldades; pero había sabido ganar los jefes de la religión. Máximo quería tener el mismo celo en apariencia y ganar a su partido los obispos españoles; para este fin adulaba igualmente la religión antigua y moderna. Como todos los que en aquel tiempo pretendían y obtuvieron el imperio, era un hombre tan falaz como inhumano. Esta vasta porción del mundo estaba entonces gobernada como en el día lo está Argel. La milicia ponía y quitaba a los emperadores, y muy a menudo los sacaba del seno de las naciones reputadas bárbaras. Teodosio, entonces, le oponía otros bárbaros de la Escitia. Él fue el que llenó de godos a los ejércitos, y el que elevó a Alarico, vencedor de Roma. En esta horrible confusión, todos iban a cual más podía fortificar su partido, por todos los medios posibles.

Máximo acababa de hacer asesinar en León al emperador Graciano, colega de Teodosio; meditaba la ruina de Valentiniano II, nombrado en Roma, aunque en su infancia, sucesor de Graciano; y formaba en Tréveris un poderoso ejército compuesto de galos y de alemanes. Hacía también levantar tropas en España, cuando dos obispos españoles, Idacio e Itacus, o Itacius, que gozaban entonces del mayor crédito, le vinieron a pedir la cabeza de Prisciliano y de todos sus discípulos que decían que las almas son unas emanaciones de Dios, que la Trinidad no contiene tres hipóstasis o personas, y que no contentos con esto, llevaban su sacrilegio al punto de ayunar los domingos. Máximo, medio pagano y medio cristiano, no tardó mucho en conocer la enormidad de estos crímenes. Los santos obispos Idacio e Itacius obtuvieron que se diese el tormento a Priscilano y a sus cómplices, antes de hacerles morir; estuvieron presentes para que todo se pasase con el mayor orden, y se volvieron bendiciendo a Dios, y colocando a Máximo, el defensor de la fe, en el rango de los santos. Pero habiendo Máximo sido derrotado por Teodosio, y después asesinado a los pies de su vencedor, esto impidió que fuese canonizado.

Es preciso notar que San Martín, obispo de Tours, verdadero hombre de bien, solicitó el perdón de Priscilano; pero los obispos le acusaron, a él mismo, de herejía, y se volvió a Tours, de miedo que le hiciesen dar el tormento en Tréveris.

En cuanto a Priscilano, tuvo la consolación de ser honrado por su secta después de haber sido ahorcado. Se celebró su fiesta, y es probable que se celebrara hasta el día de hoy, si la secta del priscilianismo subsistiese aún.

Este ejemplo hizo estremecer a toda la Iglesia; pero poco después fue imitado, y aun sobrepujado: varios priscilianistas perecieron por la espada, la cuerda y la lapidación. En Burdeos secontentaron sólo con lapidar una joven señora de distinción.[1] Estos suplicios parecieron demasiado ligeros: se probó el que Dios exigía que los herejes fuesen quemados a fuego lento. La razón perentoria que se daba para esto era que Dios les castigaba de este modo en el otro mundo, y que todo príncipe, todo vicepríncipe, y en fin, que todo magistrado era la imagen de Dios sobre la tierra.

Este principio fue el que hizo que se quemasen en varias partes los hechiceros, que visiblemente estaban bajo el imperio del diablo, y los heterodoxos, que eran considerados como peores que los hechiceros.

No se sabe precisamente qué especie de herejía era la de los canónigos que el rey Roberto, hijo de Hugo, y Constancia su mujer, fueron a hacer quemar a Orleans en 1022. ¿Y cómo lo podríamos saber? En aquel tiempo no había más que un número muy corto de pasantes y de frailes que supiesen escribir. Todo lo que consta es que Roberto y su mujer saciaron sus ojos con este espectáculo abominable. Uno de los sectarios había sido el confesor de Constancia. Esta reina no encontró mejor medio de reparar la desgracia de haberse confesado con un hereje, más que el de verle devorar por las llamas.

La costumbre se hace ley: y desde aquel tiempo hasta nuestros días, es decir, durante un espacio de setecientos años, se han quemado todos los que han sido, o que han parecido culpables del crimen de una opinión errónea.

CAPÍTULO IV

DE LA EXTIRPACIÓN DE LAS HEREJÍAS

Paréceme que es necesario distinguir en una herejía la opinión y la facción. Desde los primeros tiempos del cristianismo las opiniones fueron divididas: los cristianos de Alejandría no pensaban, sobre muchos puntos, del mismo modo que los de Antioquía. Los acha-

---

[1] Véase Hist. Eclesiástica.

yenos estaban en oposición a los asiáticos. Esta diversidad ha existido en todos los tiempos, y durará probablemente siempre. Jesucristo, que podía reunir a todos los fieles en el mismo modo de pensar, no lo ha hecho: es pues de presumir, que no ha querido hacerlo, y que su objeto era el de ejercitar todas sus iglesias en la indulgencia y la caridad, permitiéndoles diferentes sistemas, que todos convenían en reconocerle por su jefe y su maestro. Todas estas sectas, toleradas mucho tiempo por los emperadores, u ocultadas, no podían perseguirse ni proscribirse unas a otras, pues todas estaban sometidas a los magistrados romanos: lo único que podían hacer era disputarse.

Cuando los magistrados las persiguieron, todas reclamaron el derecho de la naturaleza. Dijeron: dejadnos adorar a Dios en paz, no nos arrebatéis la libertad que dais a los judíos. Todas las sectas del día pueden hablar del mismo modo a los que las oprimen. Pueden decir a los pueblos que han concedido privilegios a los judíos, tratadnos como tratáis a esos hijos de Jacob; dejadnos rogar a Dios, como ellos, según nuestras conciencias. Nuestra opinión no hace más daño a vuestro estado de lo que hace el judaísmo. Pues que toleráis a los enemigos de Jesucristo, toleradnos también, pues que adoramos a Jesucristo y que no diferimos de vosotros más que sobre unas sutilidades teológicas; no os privéis vosotros mismos de unos ciudadanos útiles. Es importante para vosotros que trabajen en vuestras fábricas, vuestra marina y la cultura de vuestras tierras; y poco os importa que tengan otros artículos de fe, de los que vosotros tenéis. Sus brazos son los que necesitáis, y no su catecismo.

La facción es una cosa enteramente diferente. Sucede siempre, y necesariamente, el que una secta perseguida degenera en facción. Los oprimidos se reúnen y se animan. Tienen más industria para fortificar su partido, que la secta dominante no tiene para exterminarla. Es preciso que, o despedacen, o que sean despedazados. Esto fue lo que sucedió, después de la persecución excitada en 503 por el César Galerio, en los dos últimos años del imperio de Dioclesiano. Habiendo los cristianos sido favorecidos por Dioclesiano durante dieciocho años enteros, se habían hecho demasiado numerosos y ricos para poder ser exterminado: diéronse a Constancio Chlore; combatieron por Constantino su hijo, y hubo una revolución total en el imperio.

Las pequeñeces pueden ser comparadas a las cosas más grandes, cuando unas y otras son dirigidas por el mismo espíritu. Una revolución semejante se ha efectuado en Holanda, Suiza y Escocia. Cuando Fernando e Isabel expulsaron de España a los judíos que se habían establecido en ella, no tan sólo antes de la familia que entonces estaba sobre el trono, sino también antes de los moros y de los godos, y aun antes de los cartagineses, los judíos hubieran efectuado una revolución en España, si hubieran sido tan guerreros como ricos, y si hubiesen podido entenderse con los árabes.

En una palabra, ninguna secta ha cambiado el gobierno, hasta en tanto que la desesperación le daba armas. El mismo Mahoma no hubiera nunca salido bien de su empresa, a no haber sido proscrito de la Meca, y si no se hubiese puesto un precio a su cabeza.

Si queréis, pues, impedir que una secta trastorne un estado, usad la tolerancia; imitad la sabia conducta que tienen Alemania, Inglaterra y Holanda. No hay otro partido que tomar en política, con una nueva secta, más que el de hacer perecer sin piedad a los jefes y los partidarios, hombres, mujeres y niños, sin exceptuar uno solo, o tolerarlos cuando la secta es numerosa: el primer partido es el de un monstruo, el segundo es el de un sabio.

Haced que el interés forme un vínculo para todos los súbditos del Estado: que el cuáquero y el turco vean su ventaja en vivir bajo vuestras leyes. La religión es de Dios al hombre; la ley civil es de vosotros a vuestros pueblos.

CAPÍTULO V

DE LAS PROFANACIONES

Luis IX, rey de Francia, que por sus virtudes mereció ser colocado en el rango de los santos, dio, al principio, una ley contra los blasfemadores. Ésta les condenaba a un nuevo suplicio: se les atravesaba la lengua con un hierro ardiendo. Esto era una especie de talión: el miembro que había pecado, sufría el castigo. Pero era muy difícil definir lo que era una blasfemia. Se escapan en un momento de cólera, de alegría, o en la simple conversación, unas expresiones que no son, hablando con propiedad, más que unos expletivos, como los de *cela* y *vah* de los hebreos, el *pol* y el *ædepol* de los latinos, y como el *per Deos immortales* de que se servían a cada momento, sin que por eso jurasen por sus dioses inmortales.

Las palabras que se denominan *juramentos* y *blasfemias* son, por lo general, unos términos vagos que se interpretan arbitrariamente: la ley que las castiga parece emanada de la de los judíos que dice, "no pronunciarás el nombre de Dios en vano". Los más hábiles intérpretes creen que esta ley prohíbe el perjurio, y tienen tanta más razón, cuanto la palabra *shavé*, que han traducido por *en vano*, significa propiamente el perjurio. Ahora bien, qué relación puede tener el perjurio con estas palabras que se dulcifican por *cadedis*, *cabo de Dios*, *sangbleu*, *ventrebleu*, *corbleu*, *corpo di dio.*

Los judíos juraban por la vida de Dios: *vivit Dominus.* Ésta era una fórmula ordinaria. Luego no era prohibido más que mentir en nombre de Dios, que atestaban.

Felipe Augusto condenó en 1181 a todos los nobles de su dominio que pronunciaran las palabras *têtebleu*, *ventrebleu*, *corbleu*, *sangbleu*, a que pagasen una multa, y los plebeyos a ser ahogados. La primera parte de este mandamiento pareció pueril; la segunda era abominable. El ahogar a los plebeyos por la misma culpa que los nobles expiaban con dos o tres *sous* de aquel tiempo, era ultrajar a la naturaleza. Así fue que esta ley no tuvo ejecución como muchas otras, sobre todo cuando el rey fue excomulgado, y su reino puesto bajo la censura eclesiástica por el papa Celestino III.

San Luis, transportado por su celo, mandó que se atravesase la lengua, o se cortase el labio superior, indiferentemente a cualquiera que pronunciase estos términos indecentes. Esto costó la lengua a un ciudadano rico de París, que se quejó de ello con el papa Inocente IV. Este pontífice hizo vivamente presente al rey que la pena era demasiado fuerte para el delito. El rey se abstuvo desde entonces de esta severidad. Cuán dichoso hubiera sido para la sociedad el que los papas no hubiesen nunca afectado otra superioridad sobre los reyes.

El mandato de Luis XIV, del año 1666, dice: "Que aquellos que serán convictos de haber jurado y blasfemado del santo nombre de Dios, de su santísima Madre, o de sus santos, serán condenados, la primera vez, a una multa; la segunda, tercera y cuarta, a una multa duplicada, triplicada y cuadruplicada; la quinta, a la argolla; la sexta, al pilori y tener el labio superior cortado; y la séptima vez a tener la lengua cortada, ni más ni menos".

Esta ley parece sabia y humana: no impone una pena cruel más que después de seis recaídas, que no es de presumir puedan acontecer.

Pero en punto a mayores profanaciones, llamadas *sacrilegios*, nuestras colecciones de jurisprudencia criminal, cuyas decisiones no deben ser consideradas como leyes, no hablan más que de los robos hechos en las iglesias; y ninguna ley positiva pronuncia la pena del fuego; no se explica tampoco, sobre las impiedades públicas, ya sea porque no han previsto semejantes demencias, o ya porque fuese demasiado difícil especificarlas. Queda pues reservado para la prudencia de los jueces castigar este delito. No obstante, no debe tener nada de arbitrario.

¿En un caso tan raro, qué pueden hacer los jueces? Consultar la edad de los delincuentes, la naturaleza de su delito, el grado de su maldad, de su escándalo y de su obstinación; también la necesidad que el público puede o no tener de un terrible castigo. *Pro qualitate personæ, proque rei conditione et temporis et ætatis et sexus, vel severius, vel clementius statuendum.*[2] Si la ley no decreta expresamente la muerte por este delito, ¿cuál es el juez que se creerá obligado a sentenciarla? Si se necesita un castigo, si la ley no lo denota, el juez debe sin dificultad pronunciar la pena más dulce, porque es un hombre.

Las profanaciones sacrílegas no son nunca cometidas más que por jóvenes corrompidos; ¿les castigaréis tan severamente como si hubiesen matado a sus hermanos? Su edad habla en su favor. No pueden disponer de sus bienes, porque se supone que no tienen bastante madurez en su entendimiento para conocer las conse-

---

[2] Título XIII, *Ad legem Juliam.*

cuencias de una mala acción; por consiguiente, no han tenido bastante para ver las consecuencias de su impío arrebato.

¿Trataréis a un joven disoluto,[3] que en su ceguedad habrá profanado una imagen sagrada, sin robarla, como habéis tratado a *Brinvilliers*, que había envenenado a su padre y a su familia? ¡No hay ninguna ley expresa contra este desgraciado, y vosotros haríais una para entregarlo al más cruel suplicio! Merece un castigo ejemplar, ¿pero merece acaso unos tormentos que horrorizan la naturaleza y una muerte espantosa?

¡Ha ofendido a Dios! Sí, sin duda; y muy gravemente. Usad de él como Dios lo haría. Si hace penitencia, Dios le perdona: imponedle una fuerte penitencia, y perdonadle.

Vuestro ilustre Montesquieu ha dicho: "Es preciso hacer honrar la divinidad, y no vengarla nunca."[4] Pesemos estas palabras. No significan que se deba abandonar el mantenimiento del orden público; sólo significan, como dice el juicioso autor de *De los delitos y de las penas*, que es absurdo que un insecto crea vengar el *ser* supremo; ni el juez de un lugarcillo, ni el de una ciudad puede ser considerado como Moisés o Josué.

CAPÍTULO VI

INDULGENCIA DE LOS ROMANOS SOBRE ESTE PARTICULAR

El asunto de la conversación de los hombres de bien e instruidos de toda Europa consiste muy a menudo en esta diferencia prodigiosa que hay entre las leyes romanas, y tantos usos bárbaros como las han sucedido, semejantes a las inmundicias de una gran ciudad, cubiertas por ruinas.

A buen seguro que el Senado romano tenía un respeto tan profundo como nosotros por el Dios Supremo, y otro tanto por los dioses inmortales y secundarios, dependientes de su dueño eterno, como nosotros tenemos por los santos.

---

[3] *Le chevalier* de la Barre.

[4] *Espíritu de las leyes*, lib. XII, cap. 4.

Ab Jove principium…

VIRG. Ecl. III.

Ésta era la fórmula ordinaria.[5] Plinio, en su panegírico del buen Trajano, empieza por decir que los romanos no dejaron nunca de invocar a Dios, al empezar sus negocios y sus discursos. Cicerón y Tito-Livio atestan lo mismo. Ningún pueblo ha habido tan religioso; pero también era demasiado sabio y grande para condescender a castigar unos discursos vanos u opiniones filosóficas. Era incapaz de imponer unos suplicios bárbaros a los que dudaban de sus agüeros, como Cicerón que era él mismo agorero, dudaba, ni a aquellos que como César decían en medio del Senado que los dioses no castigaban a los hombres después de su muerte.

Mil veces se ha notado que el Senado permitió que en el teatro de Roma el coro cantase en la *Troada*:

> Nada hay después de la muerte, y la muerte misma no es nada. ¿Preguntas en dónde se hallan los muertos? En el mismo lugar en donde estaban antes de nacer.[6]

Si es verdad que ha habido profanaciones, no hay duda que éstas lo son, y desde Ennius hasta Ausonue, todo es una pura profanación, a pesar del respeto por el culto. ¿Por qué pues no la reprimía el Senado romano? Porque no tenía influencia alguna sobre el gobierno del Estado; porque no trataban de ninguna institución ni ceremonia religiosa. Por esto, los romanos no dejaron de tener una excelente policía ni dejaron de ser los dueños absolutos de la más hermosa porción del mundo, hasta Teodosio II.

La máxima del Senado, como ya hemos dicho, era la de *Deorum offensæ Diis curæ*: *Las ofensas hechas a los Dioses, no tienen que ver más que con ellos*. Hallándose los senadores, por la institución más sabia a la cabeza de la religión, no tenían que temer el que un co-

---

[5] *Benè ac sapienter patres conscripti majores instituerunt ut rerum agendarum ita dicendi initium a præcationibus capere*, etc. (Plinio el Joven, *Panegírico de Trajano*, cap. 1°.)

[6] *Post mortem nihil est, ipsaque mors nihil.*

……………………………………………

Quæris quo jaceas post obitum loco?

Quò non nata jacent.

(SÉNECA, *Trag. de los Troadas*, coro, fin del 2° acto.)

legio de curas les obligase a servir a su venganza bajo pretexto de servir al cielo.

Ellos no decían: destruyamos a los impíos, por miedo de pasar por tales nosotros mismos; probemos a los curas, por nuestra crueldad, que somos tan religiosos como ellos.

Nuestra religión es más santa que la de los antiguos romanos. La impiedad, entre nosotros, es un crimen mayor que entre ellos. Dios la castigará; a los hombres sólo toca castigar lo que tiene de criminal el desorden público que esta impiedad ha causado.

Ahora bien, ¿si en una impiedad, no se ha robado un pañuelo, si nadie ha recibido la más leve injuria, si los ritos religiosos no han sido turbados, debemos castigar (es preciso repetirlo) esta impiedad como un parricidio? La mariscala de l'Ancre había hecho matar un gallo en luna llena, ¿era preciso por eso, hacerla quemar?

Est modŭs in rebus, sunt certi denique fines.
HORACIO, lib. 5, sat. I.

Ne scutitâ dignum horribili sectere flaquelo.
HORACIO, lib. 5, sat. III.

CAPÍTULO VII

CRIMEN DE LA PREDICACIÓN Y DE ANTONIO

Un predicante calvinista que viene a predicar en secreto a su congregación en una provincia, tiene la pena de muerte si llega a ser descubierto,[7] y los que le han dado de cenar y una cama son condenados a galeras perpetuas.

En otros países, al jesuita que viene a predicar lo ahorcan. ¿Es a Dios a quien se ha querido vengar, haciendo ahorcar al predicante y al jesuita? ¿Se han apoyado ambos partidos sobre esta ley del Evangelio: *Cualquiera que no escucha a la asamblea, sea tratado como un pagano y como un recibidor del dinero público*? Pero el Evangelio no dice que se mate a este pagano, ni a este recibidor.

---

[7] Edicto de 1724, y los anteriores.

Se han fundado acaso, sobre estas palabras del Deuteronomio:[8] "Si saliese un profeta... y que llegue a suceder lo que he predicho... y que os diga: adoremos los dioses extranjeros; ...y si vuestro hermano, vuestro hijo, o vuestra querida esposa, o el amigo de vuestro afecto os dice: Vamos, sirvamos a los dioses extranjeros... matadlos inmediatamente, pegad el primer, y que todo el pueblo pegue después." Pero ni el jesuita, ni el calvinista os han dicho "adoremos a los dioses extranjeros".

El consejero Dubourg, el canónigo Jean Chauvin, llamado Calvino, el médico Servet, español, y el calabrés Gentilis, adoraban todos al mismo Dios; a pesar de ello, el presidente Minard hizo ahorcar al consejero Dubourg, y los amigos de éste hicieron asesinar a Minard; Jean Calvino hizo quemar al médico Servet a fuego lento, y tuvo la consolación de contribuir en mucho a que fuese decapitado el calabrés Gentilis; y los sucesores de Calvino hicieron quemar a Antonio. ¿Son acaso la piedad, la razón y la justicia las que han hecho cometer todos estos asesinatos?

La historia de Antonio es una de las más singulares que haya sido conservada en los anales de la demencia. He aquí lo que he leído en un manuscrito muy curioso y que lo trae en parte Jacob Spon. Antonio era natural de Brieu, en la Lorena; sus padres eran católicos, y él había hecho sus estudios con los jesuitas de Pont-á-Mousson. El predicante Ferri[9] le hizo entrar en Metz, en la religión protestante. A su vuelta a Nancy, le formaron su causa como hereje, y si un amigo no le hubiese ayudado a escaparse, hubiera muerto ahorcado. Habiéndose refugiado en Sedan, tuvieron sospechas de que era papista, y le quisieron asesinar.

Viendo que por una rara fatalidad su vida no estaba segura ni entre los católicos ni entre los protestantes, se fue a hacerse judío a Venecia. Allí se persuadió sinceramente, y sostuvo hasta el último instante de su vida, que la religión judaica era la sola verdadera, y que pues lo había sido en otros tiempos, debía de serlo

---

[8] Cap. 13.

[9] Ferri (Pablo) ministro protestante de Metz, nació en 1591, y murió en 1669, y no en 1699 como dice Mr. Renouard. En algunas ediciones de Voltaire se lee que por el *presidente* Ferri, se ha de leer el predicante Ferri (1 § 2).

siempre. Los judíos no le circuncidaron, de miedo de meterse en asuntos con el magistrado; pero no por eso fue menos judío interiormente. Es verdad que no hizo profesión de ello abiertamente; y que habiendo ido a Ginebra en calidad de predicante, le hicieron primer regente del colegio, y en fin llegó a ser lo que llaman ministro.

La guerra interior que hacían en él la secta de Calvino, que se veía en la forzosa necesidad de predicar, y el judaísmo, que él tenía por la sola verdadera, le tuvieron malo mucho tiempo. Cayó en una melancolía y en una enfermedad cruel. Turbado con sus dolores, exclamó que era judío. Algunos ministros le vinieron a visitar y trataron de hacerle volver en sí mismo. Él les respondió que no adoraba más que al Dios de Israel, y que era imposible el que Dios cambiase. Que Dios no había podido dar y grabar con su misma mano una ley para suprimirla después. Habló contra el cristianismo, y después se desdijo. Escribió una profesión de fe para escapar del suplicio; pero después de haberla escrito, la desgraciada persuasión en que estaba no le permitió firmarla. El consejo de la ciudad convocó a los predicantes para decidir lo que se había de hacer con este desgraciado. El menor número de estos curas opinó que se debía tener piedad de él; que se debía tratar más bien de curar la enfermedad de su cerebro, en vez de castigarlo, pero la mayoría decidió que debía ser quemado y así lo fue.

Esta aventura acaeció en 1632.[10] Cien años de razón y de virtud son necesarios para expiar semejante sentencia.

CAPÍTULO VIII

HISTORIA DE SIMON MORIN

El fin trágico que tuvo Simon Morin no es menos espantoso que el de Antonio. Fue en medio de las fiestas de una corte brillante, en medio del amor y los placeres, y aun en tiempo que reinaba la mayor licencia, cuando este desgraciado fue quemado en

---

[10] Jacob. Spon, p. 500; y Gui Vances.

París en 1663. Este tal era un insensato, que creía haber tenido visiones, y cuya locura llegó al punto de creerse enviado de Dios, y de decirse incorporado con Jesucristo.

El Parlamento le condenó muy sabiamente a ser encerrado en el hospital de los locos. Lo que hay de más extraordinario es que se hallaba entonces en el hospital otro loco que decía ser el Padre Eterno, y cuya demencia ha pasado a proverbio. Fue tal el asombro de Simon Morin al ver la locura de su compañero, que reconoció la suya. Durante algún tiempo pareció haber recobrado su razón: expuso su arrepentimiento a los magistrados, y por su desgracia obtuvo su libertad.

Poco tiempo después volvió a recaer en sus arrebatos, y le dio por dogmatizar. Su mala fortuna quiso que hiciese conocimiento con Saint Sorlin des Marêts, que fue su amigo durante muchos meses, pero que poco después, por envidia de oficio, se hizo su mayor perseguidor.

Este des Marêts no era menos visionario que Morin. Sus primeras locuras fueron en verdad inocentes: eran las tragicomedias de *Erigone* y de *Mirame*, impresas con una traducción de los Salmos: esto era como la novela de *Ariane* y el poema de *Clovis*, al lado del Oficio de la Virgen, puesto en verso. Eran unas poesías ditirámbicas, llenas de invectivas contra Homero y Virgilio. De esta especie de locura pasó a otra mucho más seria; se le vio ponerse como un tigre contra Port Royal, y después de haber confesado que había convertido mujeres al ateísmo, se erigió profeta. Afirmó que Dios le había dado, con su misma mano, la llave del tesoro del Apocalipsis, que con esta llave haría la reforma del género humano, y que iba a tomar el mando de un ejército de ciento cuarenta mil hombres contra los jansenistas.

Nada hubiera podido ser más justo, ni más lleno de razón que ponerle en la misma jaula en que había estado Simon Morin, ¿pero se podrá nadie imaginar que obtuvo mucho crédito con el jesuita Annat, confesor del rey? Le persuadió él que este pobre Simon Morin había establecido una secta casi tan dañosa como el mismo jansenismo. En fin, habiendo llevado la infamia hasta hacerse delator, obtuvo del teniente-criminal un decreto de arresto contra su desgraciado rival. ¡Quién puede atreverse a decirlo! Simon Morin fue condenado a ser quemado vivo.

Cuando le iban a conducir al cadalso, hallaron en una de sus medias un papel en el que pedía a Dios el perdón de todas sus culpas. Esto hubiera debido salvarle, pero la sentencia había sido confirmada: fue pues ejecutado sin misericordia.

Semejantes aventuras hacen erizar los pelos. ¿Y cuál es el país donde no se hayan conocido unos acontecimientos tan deplorables? Los hombres se olvidan en todas partes de que son hermanos, y se persiguen hasta la muerte. Para la consolación del género humano debemos de lisonjearnos de que unos tiempos tan horribles no volverán jamás.

CAPÍTULO IX

DE LOS HECHICEROS

En 1749,[11] se quemó una mujer en el Obispado de Vurtzburgo, convicta de hechicería. Éste es un gran fenómeno en el siglo en que vivimos. ¿Pero cómo es posible que unos pueblos que se lisonjeaban de ser reformados y de hollar la superstición a sus pies, que creían, en fin, haber perfeccionado su razón, hayan creído en los maleficios? ¿Que hayan hecho quemar unas pobres mujeres acusadas de ser hechiceras, y todo esto más de cien años después de la reforma imaginaria de su razón?

En el año 1652,[12] una aldeana del pequeño territorio de Ginebra, llamada Micaela Chaudron, se encontró con el diablo al salir de la ciudad. El diablo le dio un beso, recibió su sumisión e imprimió sobre su labio superior y su seno derecho la señal que tiene por costumbre aplicar a todas las personas que reconoce por sus favoritas. Este sello del diablo es un pequeño signo que hace el cutis insensible, a lo menos así lo afirman todos los jurisconsultos demonografos de aquel tiempo.

---

[11] En 1750, según el Dic. filos. art. Bekker.

[12] Véase en el Dic. fil. a la palabra Bekker.

El diablo mandó a Micaela Chaudron que hechizase a dos mozas, y ella obedeció puntualmente a su señor. Los parientes de las dos jóvenes la acusaron jurídicamente de tener pacto con el diablo. Las jóvenes fueron interrogadas, confrontadas con la culpable, y testificaron que sentían continuamente un hormigueo en ciertas partes de sus cuerpos, y que estaban poseídas. Se llamó a los médicos, o a lo menos a aquellos que entonces pasaban por tales, y visitaron a las jóvenes. Buscaron sobre el cuerpo de Micaela el sello del diablo, que el proceso verbal denomina *señales satánicas*. Metieron en ellas una aguja muy larga, lo que ya era un tormento doloroso. Al sacar la aguja salió sangre, y Micaela dio a entender con sus gritos que las *señales satánicas* no hacen insensible. Los jueces viendo que no había pruebas completas de que Micaela fuese una hechicera, la dieron el tormento, que produce pruebas infaliblemente. En efecto, esta desgraciada, cediendo a la violencia de los tormentos, confesó todo cuanto quisieron. Los médicos buscaron aún la *señal satánica*: la encontraron en un pequeño lunar negro que tenía en el muslo, y metieron en él la aguja. Los tormentos habían sido tan terribles, que esta pobre infeliz, a medio expirar, se percibió apenas de la introducción de la aguja, y no gritó. De este modo el crimen fue avalado; pero como las costumbres empezaban a humanizarse, no fue quemada sino después de haber sido ahorcada.

Todos los tribunales de la Europa cristiana resonaban entonces con semejantes sentencias. Las hogueras estaban encendidas en todas partes para los hechiceros y los herejes. Lo que más se echaba en cara a los turcos era que no tenían ni hechiceros ni energúmenos; lo que parecía una prueba infalible de la falsedad de una religión.

Un hombre celoso del bien público, de la humanidad y de la verdadera religión ha publicado en uno de sus escritos en favor de la inocencia, que los tribunales cristianos han condenado a muerte a más de cien mil hechiceros imaginarios. Si a estas matanzas jurídicas se añade el número infinitamente superior de herejes inmolados, toda esta considerable porción del mundo no parecerá más que un vasto cadalso cubierto de verdugos y de víctimas, y rodeado de jueces, esbirros y espectadores.

CAPÍTULO X

DE LA PENA DE MUERTE

Hace ya mucho tiempo que se ha dicho que un hombre ahorcado no es bueno para nada, y que los suplicios inventados para el bien de la sociedad deben ser útiles para ésta. Es evidente que veinte ladrones vigorosos, condenados a trabajar en las obras públicas todo el curso de sus vidas, son útiles al Estado por sus suplicios, al igual que su muerte es únicamente útil para el verdugo, que se paga para que mate a los hombres en público. Los ladrones, en Inglaterra, son rara vez castigados de muerte; lo que se hace es transportarlos a las colonias. Lo mismo se hace en los estados de Rusia. Ningún criminal[13] ha sido ejecutado bajo el imperio de Isabel, soberana absoluta, y Catalina II, que la ha sucedido con un talento muy superior, sigue la misma máxima. Esta humanidad no hace que se multipliquen los crímenes. Se ha visto casi siempre que los delincuentes destinados a Siberia se han vuelto hombres de bien. Lo mismo se ha notado en las colonias inglesas. Esta dichosa mudanza nos asombra, pero no hay nada que sea más natural. Estos culpables tienen que trabajar continuamente para vivir: no tienen ninguna ocasión para obrar mal; se casan y aumentan la población. Obligad a los hombres a trabajar, y haréis que sean horados. Todo el mundo sabe que no es en el campo donde se cometen los grandes crímenes, a menos, tal vez, que haya grandes fiestas que obliguen al hombre a estar ocioso y le conduzcan a toda especie de excesos.

Sólo se condenaba a muerte a un ciudadano romano cuando había cometido algún crimen que tuviese relación con el bienestar del Estado. Nuestros maestros, nuestros primeros legisladores, han respetado la sangre de sus conciudadanos; nosotros prodigamos la de los nuestros.

Se ha agitado, durante mucho tiempo, esta cuestión delicada y funesta, a saber: si es permitido a los jueces sentenciar a muerte

---

[13] Un número muy corto de ellos, según una nota de Voltaire, en la obra intitulada *Precio de la justicia y de la humanidad*, Art. III, del asesinato. Br.

cuando la ley no condena expresamente al último suplicio. Esta dificultad fue solemnemente discutida ante el emperador Enrique VI,[14] que juzgó y decidió que ningún juez podía tener este derecho.[15] Hay algunas acciones criminales, o tan imprevistas, tan complicadas, o acompañada de circunstancias tan raras, que la misma ley se ha visto en la necesidad, en muchos países, de dejar estos

---

[14] En la edición de Voltaire, publicada por Bernard, se lee el emperador Enrique V. En la edición de Kehl, y en la de *madame* Perronueau, se halla Enrique VIII. La edición original del Comentario de Voltaire, y M. Dufay en su traducción del libro *De los delitos y de las penas*, pone Enrique VII. Ninguna de estas citas es exacta; pues si consultamos la obra de M. J. Bodin, vemos que esta cuestión, que fue agitada ante un emperador alemán, lo fue por Azon (Azo Pertius) jurisconsulto famoso de Bolonia, que floreció a fines del siglo XII. Que la opinión de Azon fue combatida por Lotario, otro jurisconsulto, a quien el emperador dio el premio. Ahora bien, el emperador Enrique V murió en el año de 1125. Azon no había nacido aún, a pesar de que fue condenado a muerte en el año de 1200, siendo aún bastante joven. Enrique VII no nació sino hasta el año 1262, a cuyo tiempo hacía ya más de medio siglo que Azon había muerto. Es inútil combatir a los que citan a Enrique VIII, pues que la Alemania no ha tenido más que siete emperadores de nombre Enrique.

Ninguna duda puede haber de que el emperador que cita Bodin sea Enrique VI, hijo de Federico Barbarroja, que en el año 1190, después de la muerte de Guillermo II, rey de Sicilia, se puso a la cabeza de un poderoso ejército, pasó a Italia y se quedó algún tiempo en Bolonia, en donde siguiendo el ejemplo de su padre, manifestó el mayor celo en favor de la administración de la justicia.

La obra de Bodin nos hubiera dejado en la misma incertidumbre en que estábamos antes de tener recurso a ella, si no hubiésemos discutido las fechas, pues que de seis ediciones que hemos consultado, la latina en 8° (Francfort, 1582, p. 468) dice Enrique V; y las cinco ediciones francesas en folio, que se hallan en la Biblioteca del Rey, dicen Enrique VII.—De todos los emperadores de Alemania, Enrique VI es el único contemporáneo de Azon, luego es preciso que sea Enrique VI.

He aquí como dice el pasaje de Bodin:

"Quæsitum est ab jurisconsultos et adhùc sub judice lis est; *an gladii potestas quam ipsi merum imperium apellant, principis propria sit, executio vero magistratuum quoque, sit illa potestas communis*? Quæ quidem quæstio disputata est ab Azone et Lotario juris peritissimis; ejusque, arbitium delatum est ad imperatorem Henri V (VI) qui tunc Bononiam venerat, equi sponsione facta. Lotarius sponsione vicit, arbitrio recepti sentencia; sed jurisconsultorum pene omnium suffragus Lotarius quidem *equum* Azo vero *æquum* tulisse dicitur, plerique tamen Lotarii sententiam secuti sunt." (J. Bodini, *De republicâ*, Lib. III, cap. 5, p. 468, Edit. Francf. 1582.) BRIÈRE.

[15] Bodin, *De republicâ*, Lib. III, cap. 5.

casos extraordinarios a la prudencia de los jueces.[16] Pero si efectivamente hay algún caso en que la ley permita sentenciar a muerte a un acusado que no ha condenado ella misma, se hallarán mil en que la humanidad, más fuerte que la ley, debe conservar la vida de aquellos mismos que la ley misma ha condenado a muerte.

La espada de la justicia está en nuestras manos, pero debemos más a menudo quitarla el filo que afilarla. Se lleva envainada delante de los reyes, para darnos a entender que debemos sacarla rara vez.

Se han visto jueces que no gustaban más que de hacer derramar sangre; tales han sido Jeffreys, en Inglaterra; tal era en Francia un hombre a quien dieron el sobrenombre de *Cortacabezas.*[17] Semejantes hombres no habían nacido para ser magistrados; la naturaleza les había destinado a ser verdugos.

Capítulo XI

DE LOS TESTIGOS[18]

¡Es posible que, en todo caso, dos testigos constantes, invariables en sus deposiciones uniformes, basten para hacer condenar a un acusado! Dos hombres igualmente alucinados se engañan muy

---

[16] Siempre será mejor dejar un crimen sin castigo, que condenar a la pena capital sin ser autorizado para ello por una ley expresa. Se ha quitado al castigo el solo distintivo que pueda hacerle legítimo, que es el de ser dado al crimen, y no al culpable en particular. Una ley que permite a un juez castigar de muerte, le asegura la impunidad en caso que se valga de este permiso, pero no le disculpa del crimen de asesinato. Además, ¿cómo nos hemos de imaginar que un crimen grave sea de tal modo dañoso para la sociedad, que la existencia del culpable sea peligrosa, y que no obstante este crimen pueda escapar a un legislador atento y que sea imposible preverle, o determinarle bien?

[17] M. de Machault había sido sobrellamado *Cortacabezas*, a causa de la severidad que había ejercido en sus comisiones de magistratura. Era padre de M. Machault de Arnonville, intendente del Hainaut, que fue contralor general de Hacienda, y después ministro de la Marina, desterrado en 1757. B.

[18] Este parágrafo no se halla más que en dos o tres ediciones, separadas de este comentario. En las ediciones de las obras completas de Voltaire forma regularmente parte del artículo XXII de la obra intitulada *Precio de la justicia y de la humanidad.* Hemos creído que el lector no sentirá hallar este parágrafo en el comentario que añadimos a una edición de la obra maestra de Beccaria, que queremos dar tan completo como sea posible.

a menudo y creen haber visto lo que no han visto; sobre todo cuando los entendimientos están recalentados, cuando el entusiasmo de una facción, o de la religión fascina los ojos. ....

....

Para no citar más que ejemplos conocidos y superiores a toda réplica, contemos la increíble, pero pública, aventura de un hombre llamado la Pivardiére. *Madame* de Chauvelin, casada con él en segundas nupcias, fue acusada de haberle hecho asesinar en su casa de campo. Dos criadas habían sido testigos del asesinato. Su misma hija había oído los gritos y las últimas palabras de su padre: ¡*Gran Dios, tened piedad de mí*! Una de las criadas, enferma, en peligro de muerte, atestigua en nombre de Dios, al momento de recibir los sacramentos de su Iglesia, que había visto a su ama matar a su amo. Varios otros testigos han visto ropas teñidas de sangre; muchos habían oído el escopetazo por el que había empezado el asesinato. Su muerte era cierta, y no obstante, no había habido ni escopetazo, ni sangre derramada, ni muerto alguno. Lo restante es aún mucho más extraordinario: la Pivardiére volvió a su casa y se presentó a los jueces de la provincia, que perseguían la venganza de su muerte. Los jueces, no queriendo perder su trabajo, le sostienen que ha muerto, que es un impostor en decir que vive aún, que debe ser castigado por mentir de este modo a la justicia, y que los procedimientos de ésta son más creíbles que él. Este proceso criminal duró dieciocho meses, antes que este desgraciado caballero pudiese obtener la sentencia de que no había muerto aún.[19]

CAPÍTULO XII

DE LA EJECUCIÓN DE LAS SENTENCIAS

¿Es necesario ir a las extremidades de la tierra y recurrir a las leyes de China para ver cuánto el hombre debe ser avaro de la sangre de sus semejantes? Hace más de cuatro mil años que los tribunales existen en este imperio, y otros tantos que no se ha dado la muerte a un solo aldeano de sus provincias más lejanas,

---

[19] Véase también el parágrafo XXIII.

sin que su causa haya sido enviada antes al emperador, que la hace examinar tres veces por uno de sus tribunales, después de lo cual firma la sentencia de muerte, la pena o la gracia total.[20]

Pero no vayamos a buscar ejemplos tan lejanos, la Europa está llena de ellos. En Inglaterra, ningún criminal es ejecutado sin que antes el rey haya firmado la sentencia; lo mismo sucede en Alemania, y en casi todo el norte. Tal era antiguamente el uso en Francia, y tal debiera de ser en todas las naciones cultas. La cábala, las preocupaciones y la ignorancia pueden influir sobre las sentencias dadas lejos del trono. Estas pequeñas intrigas, ignoradas en la corte, no pueden hacer impresión alguna sobre ella: otros asuntos de mayor entidad la ocupan. El consejo supremo está más acostumbrado a los negocios, y es superior a las preocupaciones la costumbre de verlo todo en grande, le hace menos ignorante, y más previsor: ve mejor que la justicia subalterna de una provincia, si el cuerpo del Estado tiene o no necesidad de algún ejemplo severo. En fin, cuando la justicia inferior ha juzgado sobre la letra de la ley, que puede ser rigurosa, el consejo mitiga la sentencia, según el sentido de toda ley, que es el de no inmolar a los hombres, a menos que se trate de una necesidad evidente.

Capítulo XIII

DE LOS TORMENTOS

Estando todos los hombres expuestos a la violencia o a la perfidia, detestan los crímenes de que pueden ser víctimas. Todos unánimemente piden el castigo de los principales culpables y de sus cómplices, y todos, no obstante, por una compasión que Dios

---

[20] El autor del *Espíritu de las leyes*, que nos ha presentado en su obra tantas verdades, parece engañado cruelmente cuando, para apoyar su principio de que el sentimiento vago de honor es el fundamento de toda monarquía, y que el de la virtud lo es de todas las repúblicas, dice de los chinos: "Ignoro lo que es el honor entre los pueblos que no hacen nada más que a fuerza de palo." (Montesquieu, después del P. du Halde, del *Espíritu de las leyes*, lib. VII, cap. 21.) Seguramente porque se aparte el populacho con el palo, o que se dé de palos a los indigentes insolentes y a los bribones, no se debe creer que China no tiene tribunales que velen unos sobre otros, y que éstos no sean una forma excelente de gobierno.

ha impreso en nuestros corazones, se declaran contra los tormentos que se han dado a los acusados, de quienes se quiere arrancar alguna confesión. La ley no los ha condenado aún, y se da en la incertidumbre en que se está de su crimen, un suplicio mucho más terrible que el de la muerte, a la que no se les condena, sino cuando se está seguro de que la merece ¡Cómo! ¡Ignoro aún si eres culpable, y te atormentaré para saberlo; y si eres inocente, no expiaré las mil muertes que te he hecho sufrir, en igual de una sola que te preparaba! Cada cual se estremece con esta idea. No diré aquí que San Agustín se declaraba contra los tormentos en su *Ciudad de Dios*. Tampoco diré que en Roma no se daba más que a los esclavos, y que no obstante, Quintiliano, acordándose de que eran hombres, reprueba esta barbarie.

Aun cuando no hubiese más que una nación sobre la tierra que haya suprimido el uso de los tormentos, con tal que no se vean más crímenes en ella que en las demás, si es más sabia y floreciente desde que ha hecho esta supresión, su ejemplo basta para el mundo entero. Que la sola Inglaterra instruya a todas las demás naciones; pero no es la sola; los tormentos han sido proscritos de otras muchas con buen éxito. Luego todo está decidido. Unos pueblos que se precian de ser ilustrados, ¿no se preciarán también de ser humanos? ¿Se obstinarán en una práctica inhumana, bajo el solo pretexto de que está en uso? Reservad a lo menos esta crueldad para los malvados empedernidos que hayan asesinado a un padre de familia, o de la patria: buscad sus cómplices, ¿pero no es de una barbarie inútil el que una joven que haya cometido algunas faltas, que no deja ninguna traza tras de ella, sea castigada como un parricida? Vergüenza tengo de haber hablado sobre este particular, después de todo lo que ha hecho sobre él, el autor de *De los delitos y de las penas*. Todo lo que debo hacer es encargar que se lea a menudo la obra de este defensor de la humanidad.

CAPÍTULO XIV

DE ALGUNOS TRIBUNALES DE SANGRE

¿Quién creerá que ha habido en otros tiempos un tribunal supremo más horrible que el de la Inquisición, y que este tribunal haya sido establecido por Carlomagno? Éste era el tribunal de la Westfalia, de otro modo llamado *Corte Vémica.* La severidad, o por mejor decir, la crueldad de este tribunal, llegaba hasta a castigar con la muerte a todo sajón que quebrantase el ayuno durante la cuaresma. La misma ley fue establecida en Flandes y en la *Franche-Comté*, a principios del siglo decimoséptimo.

Los archivos de un pequeño territorio llamado Saint-Claude, situado en medio de los más horrorosos peñascos del condado de Borgoña, conservan la sentencia y el proceso verbal de la ejecución de un pobre caballero llamado Claudio Guillon, que fue decapitado el 28 de julio 1629. Estaba reducido a la más terrible miseria y atormentado por un hambre voraz. Todo su delito había sido el de comer un día viernes, un pedazo de caballo que habían matado en una pradera cercana. Fue, pues, condenado como sacrílego. Si hubiera sido rico, y se hubiese hecho dar una cena compuesta de pescados que hubiesen costado cien pesos, dejando morir de hambre a los pobres, hubiera sido considerado como un hombre que había llenado todos sus deberes. He aquí el tenor de la sentencia del juez.

> Nos, habiendo visto todas las piezas del proceso, y oído el parecer de los legistas, declaramos el llamado Claudio Guillon, debidamente acusado y convencido, de haberse llevado un pedazo de la carne de un caballo matado en una pradera de esta ciudad; de haber hecho cocer la dicha carne el 31 de marzo, que era sábado, y de haberla comido, etcétera.

¡Qué legistas eran estos que dieron este consejo! ¿Es entre los topinambus o los hotentotes donde se pasan estas aventuras? *La Corte Vémica* era aún mucho más horrible. Ésta delegaba secretamente comisarios que iban de incógnitos a todas las ciudades de Alemania, tomaban informes sin hacérselo saber a los acusados, y los juzgaban sin oírlos: muy a menudo, cuando no tenían un verdugo, el más joven de entre los jueces hacía su oficio y ahorcaba él mismo al culpable.[21] Para escapar a los asesinatos de este tribunal, era preciso obtener cartas de excepción, salvaguardias de los

---

[21] Véase el excelente *Compendio de Cronología, de la Historia de Alemania y del Derecho público* (por Pfeffel) año 803.

emperadores, y aun éstas fueron muchas veces inútiles. Este tribunal de asesinos no fue plenamente disuelto hasta el tiempo de Maximiliano I; pero esta disolución se hubiera debido hacer en la sangre de los jueces. El tribunal de los *diez*, en Venecia, comparado con éste, era un tribunal de misericordia.

¿Qué podemos pensar de estos errores y de otros muchos? ¿Nos contentaremos solamente con gemir sobre la naturaleza humana? Casos hubo en que fue preciso vengarla.

CAPÍTULO XV

DE LA DIFERENCIA QUE HAY ENTRE LAS LEYES POLÍTICAS Y LAS NATURALES

Yo entiendo por *leyes naturales* las que la naturaleza indica en todos los tiempos y a todos los hombres para el sustento de esta justicia que la naturaleza, a pesar de todo cuanto digan, ha grabado en nuestros corazones. En todas partes el robo, la violencia, el homicidio, la ingratitud contra nuestros parientes bienhechores, el perjurio cometido para dañar y no para socorrer un inocente, y la conspiración contra su patria son todos delitos evidentes, reprimidos con mayor o menor severidad, pero siempre con justicia.

Llamo *leyes políticas* a las que han sido hechas según las necesidades presentes, ya sea para dar mayor firmeza al poder, o ya para precaver e impedir las desgracias.

Cuando se recela que el enemigo puede recibir noticias de una ciudad, se cierran las puertas, y se manda bajo pena de muerte, que nadie salte por las murallas.

Cuando se teme a una nueva secta, que cubriéndose en público bajo el velo de su obediencia al soberano, conspira en secreto para eximirse de ella; que publica que todos los hombres son iguales, con el fin de someterlos igualmente a sus nuevos ritos; en fin, que bajo el pretexto de que vale más obedecer a Dios que a los hombres, y que la secta dominante está llena de supersticiones y de ceremonias ridículas, quiere destruir lo que el estado ha consagrado; entonces, digo, se pronuncia la pena de muerte contra aquellos que dogmatizando públicamente en favor de esta secta pueden inducir el pueblo a la sedición.

Si dos ambiciosos se disputan un trono, el más poderoso obtiene la victoria y sentencia a muerte a todos los partidarios del más débil. Los jueces se hacen los instrumentos de la venganza del nuevo soberano y los apoyos de su autoridad. En tiempo de Hugo Capeto, cualquiera que tenía alguna relación con Carlos de Lorena estaba expuesto a ser condenado a muerte, a menos de que fuese muy poderoso.

Cuando Ricardo III, asesino de sus dos sobrinos, fue reconocido por rey de Inglaterra, *el grande Jury* hizo descuartizar al caballero Guillermo Colingburn[22] cuyo delito era haber escrito a un amigo del conde de Richemond, que estaba entonces levantando tropas, y que reinó después bajo el nombre de Enrique VII; habiendo hallado dos líneas escritas de su mano, aunque con la más grosera ridiculez, fueron suficientes para hacer que este caballero fuese condenado al más horrible suplicio. Todas las historias rebozan con semejantes ejemplos de justicia.

El derecho de represalia es otra ley recibida por las naciones. Vuestro enemigo ha hecho ahorcar a uno de vuestros valientes capitanes, que se ha defendido algún tiempo en un castillo medio arruinado contra un ejército entero. Uno de los capitanes de vuestro enemigo llega a caer en vuestras manos; éste es un hombre virtuoso que estimáis y aun amáis, pero esto no quita el que le ahorquéis *por represalia.* Es la ley, decís, ¡con que porque vuestro enemigo ha cometido un delito atroz, es preciso que vosotros cometáis otro semejante!

Todas estas leyes de una política sanguinaria no tienen más que una época, y es claro que no son verdaderas, pues que son pasajeras. Estoy en que son muy parecidas a la necesidad en que algunas veces se han hallado, en medio de grandes hambres, de comerse a los hombres. Pero cesan de comerse en el momento en que se tiene pan.

---

[22] El año 1483.

CAPÍTULO XVI

DEL CRIMEN DE ALTA TRAICIÓN. DE TITO OATES, Y DE LA MUERTE DE AUGUSTO DE THOU

Llámase crimen de *alta traición* un atentado contra la patria o contra el soberano que la representa. El que lo comete es considerado como parricida; luego no se debe extender hasta los delitos que no llegan al del parricida. Porque si tratáis de delito de alta traición un robo cometido en una casa del Estado, una concusión, y aun unas palabras sediciosas, disminuiréis el horror que el crimen de alta traición o de *lesa majestad* debe inspirar.

No debe haber nada de arbitrario en la idea que se forme de los grandes crímenes. Si colocáis el robo hecho a un padre por su hijo, una imprecación de un hijo contra su padre, en el rango de los parricidios, romperéis los lazos del amor filial. El hijo no considerará a su padre más que como un amo terrible. Todo lo que es violento en las leyes las destruye.

En los crímenes ordinarios, la ley de Inglaterra es favorable al acusado, pero en el de alta traición le es contraria. Habiendo sido el exjesuita Titus Oates jurídicamente interrogado en la Cámara de los Comunes, y habiendo jurado que no le quedaba más que decir, acusó no obstante después al secretario del duque de York (que fue luego Santiago II) y varias otras personas, de alta traición, y su delación fue admitida: al principio juró delante del consejo que no había visto a este secretario, y en seguida que sí lo había visto. A pesar de estas ilegalidades y contradicciones, el secretario fue ejecutado.

Este mismo Oates y otro testigo declararon que cincuenta jesuitas habían urdido una trama para asesinar al rey Carlos II, y que habían visto los nombramientos del P. Oliva, general de los jesuitas, para los oficiales que debían mandar un ejército de rebeldes. Estos dos testigos fueron suficientes para hacer arrancar el corazón de varios acusados, y para que se les azotasen los carrillos con él. Pero hablemos con verdad, ¿son dos testigos suficientes para hacer perecer los que tratan de perder? A lo menos sería preciso que estos dos delatores no fuesen unos pícaros averados; como también el que no depusiesen cosas improbables.

Es muy evidente que si los dos más íntegros magistrados del reino acusaban a un hombre de haber conspirado con el Mufti para circuncidar a todo el consejo de Estado, el parlamento, el tribunal de cuentas, el arzobispo y la sorbona, en vano ambos magistrados jurarían haber visto las cartas de Mufti; todos creerían más bien que se habían vuelto locos, que el que fuese verdad lo que decían. Tan extravagante era el que el general de jesuitas levantase un ejército en Inglaterra, como el que el Mufti hiciese circuncidar la corte de Francia. No obstante, para que no se pudiese decir que había habido un solo género de locura atroz que no hubiese entrado en la cabeza de los hombres, se creyó a Titus Oates.

Las leyes de Inglaterra no consideran como culpables de traición a aquellas personas que sabiéndola no la revelan. Porque han considerado que un delator es tan infame como un conspirador es culpable. En Francia todo aquel que sabe una conspiración y que no da parte de ella tiene la pena de muerte. Luis XI, contra quien se dirigieron varias conspiraciones, dio esta ley terrible. Ni Luis XII, ni Enrique IV la hubieran jamás podido imaginar.

Esta ley no sólo obliga a un hombre de bien a ser delator de un crimen que podría tal vez impedir con sus sabios consejos y su firmeza, sino que le expone también a ser castigado como calumniador, porque es muy fácil que los conjurados tomen de tal modo sus medidas, que no pueda de modo alguno convencerles.

Éste fue precisamente el caso del respetable Francisco Augusto de Thou, consejero de Estado, e hijo del único buen historiador que Francia tenía entonces, igual a Guichardin por sus luces, y superior tal vez a éste por su imparcialidad.

La conspiración había sido tramada más contra el cardenal de Richelieu que contra Luis XIII. De ningún modo se trataba de entregar Francia a sus enemigos; pues que el hermano del rey, principal autor de esta intriga, no podía tener por objeto vender un reino del que se creía aún el heredero, no viendo entre el trono y él más que un hermano mayor a las puertas de la muerte, y dos niños en la cuna.

De Thou no era culpable ni ante Dios ni ante los hombres.

Uno de los agentes de monsieur, único hermano del rey, del duque de Bouillon, príncipe soberano de Sedan, y del grande escudero Effiat Cinq-Mars, había comunicado verbalmente el plan de la conjura al consejero de Estado. Éste fue a buscar al escudero Cinq-Mars, e hizo todo cuanto pudo para disuadirle de esta empresa, y le hizo ver todas las dificultades que presentaba. Si entonces hubiese delatado a los conspiradores, ¿qué prueba hubiera podido alegar contra ellos? Hubiera sido contradicho por la denegación del heredero presuntivo de la corona, por la de un príncipe soberano, por la del favorito del rey, y en fin, por la execración pública. Todo lo que hubiera hecho habría sido exponerse a ser castigado como un vil calumniador.

El mismo canciller Seguin confesó esto cuando hubo confrontado a De Thou con el grande escudero. En esta confrontación fue donde De Thou dijo a Cinq-Mars las palabras siguientes que se hallan en el proceso verbal: "Acordaos, señor, que no se ha pasado un solo día en que no os haya hablado de este tratado, haciendo todos mis esfuerzos para disuadiros de él". Cinq-Mars reconoció esta verdad. De Thou merecía, pues, del tribunal humano, una recompensa y no la muerte. A lo menos merecía que el cardenal de Richelieu le tratase con miramiento; pero es bien sabido que este ministro no se picaba de ser humano. Seguramente se podría decir aquí más que *summum jus, summa injuria*. La sentencia de muerte de este hombre de bien dice: "Por haber sabido y participado en las dichas conspiraciones". Y no dice por no haberlas revelado. Según esto, parece que el crimen consiste en saber que existe, y que es uno digno de muerte porque tiene ojos y orejas.

Todo cuanto se puede decir acaso de semejante sentencia, es que no fue dada por la justicia, sino *por los comisarios*.[23] La ley sanguinaria era precisa y formal. No sólo a los jurisconsultos, sino también a todos los hombres, toca decir si ésta fue o no pervertida. Es una contradicción muy triste que un corto número de hombres haga perecer, como criminal, aquel a quien toda una nación ha juzgado inocente y digno de aprecio.

---

[23] Véase sobre el particular el suplemento del capítulo XIV, p. 54.

CAPÍTULO XVII

DE LA REVELACIÓN HECHA EN LA CONFESIÓN

Jaurigni y Baltasar Gérard, asesinos del príncipe de Orange, Guillermo I; el fraile dominico Santiago Clemente, Châtel, Ravaillac y todos los demás parricidas de aquellos tiempos se confesaron antes de ejecutar sus crímenes. En estos siglos deplorables, el fanatismo había llegado a tal punto, que la confesión no era más que un motivo para consumar su iniquidad; y porque la confesión es un sacramento, el crimen también se hacía sagrado.

El mismo Estrada dice que Jaurigni *non ante facinus aggredi sustinuit, quam expiatam necis animam apud dominicanum sacerdotem cœlesti pane firmaverit.* "Jáuregui no se atrevió a emprender esta acción, antes de haber fortificado su alma purgada en la confesión que había hecho de ella a los pies de un dominico, con el pan celeste."

En el interrogatorio de Ravaillac se ve que este miserable, al salir de los fulenses y queriendo entrar en el convento de los jesuitas, se había dirigido al jesuita De Aubigni; que después de haberle hablado de muchas apariciones que decía haber tenido, le enseñó un cuchillo que tenía grabados sobre la hoja un corazón y una cruz, diciéndole: "Este corazón indica que el del rey ha de tener que hacer la guerra a los calvinistas".

Tal vez si De Aubigni hubiese tenido bastante celo y prudencia para hacer saber al soberano estas palabras, acaso si le hubiera hecho la descripción del hombre que le había descubierto estas intenciones, el mejor de todos los reyes no hubiera sido asesinado.

El 20 de agosto del año de 1610, tres meses después de la muerte de Enrique IV, cuyas heridas estaban grabadas en los corazones de todos sus vasallos, el abogado general Servin, cuya memoria es aún ilustre, pidió que se hiciese firmar a los jesuitas los cuatro artículos siguientes:

1° Que el Concilio es superior al Papa.

2° Que el Papa no tiene poder alguno para privar al rey de ninguno de sus derechos por medio de la excomunión.

3º Que los eclesiásticos están, como todos los demás, sometidos al rey.

4º Que un sacerdote que llega a saber, por la confesión, una conspiración contra el rey o el Estado, debe revelarla inmediatamente a los magistrados.

El 22, el Parlamento dio un decreto por el cual mandaba que los jesuitas no pudiesen enseñar a la juventud, antes de que hubiesen firmado estos cuatro artículos, pero en aquellos tiempos la Corte de Roma era tan poderosa, y la de Francia tan débil, que esta ordenanza no tuvo efecto.

Un hecho digno de notarse es que, aunque la Corte de Roma no quería que se revelase la confesión cuando se trataba de un atentado contra la vida de los soberanos, obligaba no obstante a los confesores a que declarasen a los inquisidores aquellos que sus penitentas acusaban de haberlas seducido y de haberlas abusado. Pablo IV, Pío IV, Clemente VIII y Gregorio XV mandaron que se hiciesen estas revelaciones. Ésta era una trampa bastante difícil de evitar por los confesores y las penitentas. Era hacer de un sacramento una escribanía de delaciones y aun de sacrilegios. Pues, por los antiguos cánones, y sobre todo por el concilio de Latran, convocado bajo Inocente III, todo sacerdote que revelase una confesión, de cualquiera especie que fuese, incurriría la censura eclesiástica y sería condenado a una prisión perpetua.

He aquí cuatro papas del siglo XVI y XVII, que mandan la revelación de un pecado de impureza, y no permiten la de un parricida; pero no es eso lo peor: una mujer se acusa, o supone en la confesión que hace a un carmelita de haber sido seducida por un franciscano; el carmelita debe acusar al franciscano. Un asesino fanático, creyendo servir a Dios matando a su príncipe, se presenta a un confesor para consultar con él este caso de conciencia: el confesor se hace sacrílego si salva la vida a su soberano.

Esta contradicción absurda es una consecuencia desgraciada de la oposición continua que reina hace ya tantos siglos entre las leyes eclesiásticas y las civiles. El ciudadano se halla comprometido en cien ocasiones entre el sacrilegio y el crimen de *lesa majestad*; y las reglas del bien y del mal han sido de este modo confundidas en un caos de donde hasta ahora no han sido aún sacadas.

La confesión de nuestras faltas ha sido autorizada en todos tiempos, y en casi todas las naciones. Muchos se confesaban en los misterios de Orfeo, de Isis, de Ceres y de Samotracia.

Los indios confesaban sus pecados el día de la expiación solemne, y conservan todavía esta costumbre. Un penitente escoge un confesor, que se vuelve luego su penitente, y cada cual, a su vez, recibe de su compañero treinta y nueve latigazos mientras que está compungidamente recitando la fórmula de la confesión, que no consiste más que en trece palabras, y que, por consiguiente, no articula nada de particular.

Ninguna de estas confesiones entró jamás en los detalles, ninguna sirvió de pretexto a estas consultaciones secretas que unos penitentes fanáticos han hecho algunas veces para tener el derecho de pecar con impunidad, método pernicioso que corrompe una institución ventajosa. La confesión, que en otros tiempos, era el mayor freno para los crímenes, se ha hecho después, en tiempos de seducción y de alborotos, un apoyo para el crimen; no hay duda alguna que estas consideraciones han sido la causa de que muchas sociedades cristianas hayan abolido una práctica tan santa, pero que les ha parecido tan dañosa como inútil.

CAPÍTULO XVIII

DE LA FALSA MONEDA

El crimen de fabricar moneda falsa ha sido considerado como crimen de *lesa majestad* de segundo orden, y con justo motivo; robar a todos los ciudadanos es ser traidor al Estado. Se pregunta, ¿un comerciante que hace venir oro y plata en barras de América y las convierte en moneda en su misma casa es culpable del crimen de *lesa majestad* y merece la muerte? En la mayor parte de los países estas personas son condenadas al más cruel suplicio; no obstante, no ha robado a nadie: al contrario, ha hecho mucho bien al Estado, pues que le ha procurado el medio de hacer circular un número mayor de monedas. Pero se ha arrogado los derechos del soberano; y le roba, atribuyéndose el pequeño beneficio que el rey tiene sobre la moneda. Es verdad que la moneda que ha fabricado ha sido buena, pero ha expuesto a sus imitadores a la tentación de hacerla falsa. Pero es preciso considerar que la muerte es muy dura. Yo he conocido a un jurisconsulto que quería que se condenase a semejante culpable, como un hombre hábil y útil, a trabajar en la fábrica de moneda del rey, con grillos en los pies.

CAPÍTULO XIX
DEL ROBO DOMÉSTICO

En los países en que un pequeño robo doméstico es castigado con pena de muerte, ¿este castigo desproporcionado no es muy dañoso a la sociedad?, ¿no es un estímulo para el robo? Pues si sucede que un amo entrega su criado a la justicia por un robo leve, y que se le quite la vida a este infeliz, todo el vecindado tiene a este amo en horror; todos entonces conocen que la naturaleza está en contradicción con la ley, y por consiguiente, que ésta no vale nada.

¿Qué es lo que esto hace? Que los amos, no queriendo cubrirse de oprobio, se contentan con despedir a sus criados, que van a robar a otra parte, y que de este modo se acostumbran al latrocinio. Siendo la misma pena para un pequeño robo como para uno considerable, es evidente que un hombre que quiera robar, tratará de robar mucho. También podrán hacerse asesinos, con tal que crean que esto puede evitar que sean descubiertos.

Pero si la pena fuese proporcionada al delito, si el ladrón fuese condenado a trabajos forzados, entonces los amos entregarían sin escrúpulo los ladrones a la justicia: entonces no habría vergüenza alguna en hacer esto, y el robo sería menos frecuente. Todo prueba la grande verdad de que una ley rigorosa produce muchas veces los mayores crímenes.

CAPÍTULO XX

DEL SUICIDIO

El famoso Duverger de Hauranne, abate de Saint-Cyran, considerado como el fundador de Port Royal, escribió en el año 1608 un *Tratado sobre el suicidio*,[24] que se ha hecho uno de los libros más raros de Europa.

El decálogo, dice él, manda no matar. El homicidio de sí mismo no parece menos comprendido en este mandamiento, que el asesinato de uno de nuestros semejantes. Luego, si hay casos en que sea permitido matar al próximo, los hay también en que es permitido matarse a sí mismo; pero no debemos atentar a nuestra vida sin haber precisamente bien consultado nuestra razón.

La autoridad pública, que ocupa el lugar de Dios, puede disponer de nuestra vida. La razón del hombre puede también ocupar la de Dios, pues que es una emanación de la luz divina.[25]

Saint-Cyran extiende mucho este argumento, que puede ser

---

[24] Este tratado fue impreso en 12° en París, en casa de Toussaint Dubray, en 1609, con privilegio del rey; debe de hallarse en la Biblioteca de S. M.

[25] He aquí el texto del abate de Saint-Cyran:

"En el mandamiento que Dios ha dado de no matar a nadie, entra también el de no matarse a sí mismo. Éste es el motivo porque nos ha sido dado en estos términos generales, sin ninguna otra modificación, a fin de que pueda comprender en sí, toda especie de homicidio. Pero suele acontecer que a pesar de esta prohibición y sin contravenir a ella, hay circunstancias que dan al hombre el derecho y el poder de matar a su prójimo. Luego podrán también ocurrir circunstancias en que, sin contravenir a este mandamiento, el hombre pueda matarse a sí mismo… Luego no es ni de nuestro *motu proprio*, ni por nuestra propia autoridad, que obramos contra nosotros mismos; y pues que esto debe hacerse con una acción de virtud, cuando lo hagamos será con el pleno conocimiento de nuestra razón. Y del mismo modo que la autoridad pública ocupa el lugar de Dios cuando dispone de nuestra vida, lo mismo la razón del hombre ocupará en este caso el lugar de Dios, y como el ser del hombre no emana más que del de Dios, tendrá el derecho de obrar por el que Dios le ha dado, y Dios se lo ha dado por el mismo motivo porque le dio una emanación de la luz divina, para que juzgase del estado de sus acciones." Pp. 8, 9, 16 y 17, del tomo intitulado: *Cuestion real y su decisión*, París, Toussaint Dubray, 1609, en 12° con privilegio del rey.

considerado como un puro sofisma; pero cuando llega a la explicación y a los detalles, se hace mucho más difícil responderle. Cada cual, dice, puede matarse por el bien de su príncipe, por el de su patria, y el de sus parientes.[26]

Efectivamente, sería muy difícil poder condenar a los codros y a los curcios; no hay un soberano que se atreva a castigar a la familia de un hombre que se haya inmolado por él; ¿qué digo? No hay uno que se atreviese a no recompensarla. Santo Tomás había dicho lo mismo antes que Saint-Cyran. Pero no necesitamos de Santo Tomás, de Bonaventura, ni de Hauranne para saber que un hombre que muere por su patria merece nuestros elogios.

El abate Saint-Cyran concluye diciendo que nos es permitido hacer por nosotros mismos lo que con tanta gloria hacemos por los otros. Todo el mundo sabe lo que Plutarco, Séneca, Montaigne, y otros muchos filósofos han alegado en favor del suicidio. Todos han tratado esta materia hasta el último punto. Esto no es decir que yo quiera hacer aquí una apología de una acción que las leyes condenan; pero lo cierto es que ni el Antiguo ni el Nuevo Testamento prohíben al hombre salir de esta vida cuando no puede ya soportarla más largo tiempo. Ninguna ley romana ha condenado el suicidio. Todo al contrario, he aquí la ley dada por Marco Antonio, que no fue nunca revocada.

> Si vuestro padre, o vuestro hermano, sin ser culpable de ningún crimen, se matan, ya sea por huir de dolores, por estar cansados de la vida, por desesperación, o por demencia, que su testamento sea válido, o bien en caso de no haberle hecho, que sus herederos sean dueños por *intestat*.[27]

---

[26] He aquí otra parte del texto de Saint-Cyran:

"Digo que el hombre se verá obligado a ello por el bien de su príncipe y la felicidad pública, para impedir con su muerte los males que prevé sin ningún género de duda, deber acaecer si continúa viviendo... Pero para obrar además de todo lo que he dicho, la obligación que los padres contraen con sus hijos, como también la de éstos con sus padres, me parece que bajo los emperadores Nerón y Tiberio, estaban obligados de matarse, para el bien de sus familias y de sus hijos, etc." Id. pp. 18, 19, 29 y 30.

[27] Leg. Cod. lib. IX, tit. 5o. *De bonis eorum qui sibs mortem, etc.*

A pesar de esta ley tan humana de nuestros maestros, arrastramos aún en un canasto y atravesamos con un palo el cadáver del hombre muerto voluntariamente; su memoria se hace infame. Deshonramos su familia lo más que nos es posible. Castigamos al hijo por haber perdido a su padre, y a la viuda por no tener ya marido. Se confiscan también los bienes del muerto, lo que no es más que arrebatarle de las manos de los vivos a quienes por derecho pertenecen. Este uso, como varios otros, deriva de nuestro derecho de cánones, que priva de la sepultura al hombre que muere voluntariamente. Por ella se saca en consecuencia que no se puede heredar de un hombre que no tiene él mismo nada que heredar en el cielo. El derecho de cánones en el título *de pænitentia*, asegura que Judas cometió un pecado mayor en ahorcarse, que en vender a Jesucristo Nuestro Señor.

Capítulo XXI

DE CIERTA ESPECIE DE MUTILACIÓN

En el digesto de las leyes se halla una de Adriano, que condena a muerte a todos los médicos que hacen eunucos, ya sea arrancando los testículos, o ya quebrantándolos.

Por la misma ley se confiscaban también los bienes de aquellos que se hacían mutilar de este modo. También hubieran podido castigar a Origenes, que se sometió a esta operación, por haber interpretado rigurosamente el pasaje de San Mateo, que dice: *Hay algunos que se han castrado ellos mismos para el reino de los cielos.*

Las cosas mudaron de aspecto bajo los emperadores siguientes, que adoptaron el lujo asiático, sobre todo en el imperio de Constantinopla, donde se vio a algunos eunucos que llegaron a ser patriarcas y mandar ejércitos.

En Roma se estila en el día castrar a los niños para que algún día sean dignos de ser músicos del Papa, de modo que *castrato*, y *músico del Papa* son sinónimos. No hace aún mucho tiempo que se veían en Nápoles unos rótulos sobre la puerta de algunos barberos que decían: *Qui si castrano maravogliosamente i putti.*

CAPÍTULO XXII

DE LA CONFISCACIÓN QUE LLEVAN CONSIGO LOS DELITOS DE QUE ACABAMOS DE HABLAR

Hay una máxima recibida en todos los tribunales de justicia, *que el que confisca el cuerpo confisca también los bienes.* Máxima muy en boga en todos aquellos países en que se sigue la costumbre en vez de la ley. De modo que, como acabamos de decir, en estos países se mata de hambre a los hijos de aquellos que se han quitado la vida voluntariamente, como a los hijos de los asesinos. De este modo y en todos los casos, toda una familia es castigada por la falta de un solo hombre.

Así pues, cuando un padre de familia sea condenado a galeras por una sentencia arbitraria,[28] ya sea por haber recogido en su casa al predicante de alguna secta, o ya por haber oído su sermón en alguna caverna o algún desierto, la mujer y los hijos se verán reducidos a mendigar el sustento.

Esta jurisprudencia, que consiste en privar a los huérfanos, y en dar a un hombre el bien de su próximo, fue desconocida en todos tiempos en la república romana. Syla la introdujo en tiempo de sus proscripciones. Pero es preciso confesar que una rapiña inventada por Syla no era un ejemplo digno de ser imitado. Así fue que esta ley, que no parecía haber sido dictada más que por la inhumanidad y por la avaricia, no fue seguida ni por César, ni por el buen emperador Trajano, ni por los antoninos, cuyo nombre es aún en el día pronunciado con respeto y amor por todas las naciones. En fin, bajo Justiniano, la confiscación no fue empleada más que en casos de delito de *lesa majestad.*

Parece que en tiempos de anarquía feudal, los príncipes y los señores de tierras, siendo bastante pobres, trataban de aumentar sus tesoros condenando a sus vasallos, y de hacerse una renta del

---

[28] Véase el edicto de 1724, del 14 de mayo, publicado a solicitud del cardenal de Fleury y revisto por él mismo.

mismo crimen. Como entre ellos las leyes eran arbitrarias y la jurisprudencia romana ignorada, las costumbres, o bizarras o crueles, prevalecieron. Pero en el día, que el poder de los soberanos está fundado sobre riquezas inmensas y seguras, sus tesoros no tienen necesidad alguna de aumentarse con los miserables despojos de una familia desgraciada. En general se abandonan a los primeros que las piden ¿Pero pertenece acaso a un ciudadano el enriquecerse a costa de otro?

La confiscación no existe en los países en que el derecho romano ha sido establecido, excepto en el distrito del parlamento de Tolosa. Tampoco existe en algunos países que se rigen por la costumbre, como el Bourbonés, el Berrí, La Mena, el Poitú, la Bretaña, a lo menos en todas estas partes se respetan los bienes raíces. Antiguamente se observaba en Calais, pero los ingleses la abolieron cuando se apoderaron de la plaza. Es cosa muy rara que los habitantes de la capital vivan bajo unas leyes mucho más rigurosas que las de las provincias: lo que prueba que muchas veces la jurisprudencia ha sido establecida por la casualidad, sin regularidad, sin uniformidad, y en fin, como se edifican las chozas en los lugares.

¡Quién podrá creer que en el año de 1673, en el siglo de la gloria de la Francia, el abogado general Omer Talon haya hablado en el parlamento, y con relación a la señorita de Canillac, del modo siguiente![29]

> Dios dice en el capítulo XIII del Deuteronomio: "Si entras en una ciudad o en cualquiera lugar donde reine la idolatría, pásalo todo al filo de la espada, sin excepción de edad, de sexo, ni de condición. Luego reúne en la plaza pública todos los despojos de la ciudad, quémala toda entera con sus despojos, y que de este lugar de abominación no quede más que un montón de cenizas. En una palabra, haz del todo un sacrificio al Señor, y que no quede entre tus manos la más mínima parte de los bienes de esta anatema".
>
> De este modo, en los crímenes de *lesa majestad*, el rey era el dueño de los bienes contra los derechos de los hijos del culpable. Habiendo sido hecho el proceso a Naboth *quia maledixerat regi*, el rey Achab entró en posesión de los bienes del culpable. Habiendo llegado a oídos

[29] Diario del Palacio de Justicia, tom. I, p. 444.

oídos de David el que Miphiboseth había tomado parte en la rebelión, dio todos sus bienes a Siba, que fue el que le dio esta noticia, diciéndole: *Tua sint omnia quæ fuerunt Miphiboseth.*

Ahora se trata de saber quién heredará los bienes de la señorita de Canillac, bienes que habían ya sido confiscados a su padre, y abandonados por el rey a un guarda del real tesoro, y en fin, dados por éste a la testadora. Y es para aclarar el proceso de una señorita de Auvernia, que el abogado general va a buscar a Achab, rey de una parte de la Palestina, que confiscó la viña de Naboth después de haber hecho asesinar al propietario con la espada de la justicia; acción abominable, que se ha hecho un proverbio para inspirar a los hombres el horror que merece la usurpación. Bien seguro es que la viña de Naboth no tenía nada que hacer con la herencia de la señorita de Canillac. Tampoco tienen más relación con ella, el asesinato y confiscación de los bienes de Miphiboseth, nieto del rey Saúl, e hijo de Jonatas, amigo y protector de David.

Con esta pedantería, con esta demencia de citaciones extranjeras, el asunto de que se trata, con esta ignorancia de los principios de la naturaleza humana, con estas preocupaciones mal concebidas y peor aplicadas, es con lo que la jurisprudencia ha sido tratada por unos hombres que se han adquirido en su esfera mucha reputación. El lector se podrá imaginar lo que sería superfluo que se le dijese.

CAPÍTULO XXIII

DE LOS PROCEDIMIENTOS CRIMINALES, Y DE ALGUNAS OTRAS FORMAS

Si algún día unas leyes humanas llegan a dulcificar en Francia algunos usos demasiado rigurosos, sin que por eso se dé mayores facilidades al crimen, es de creer que se confinarán también los procedimientos en los artículos en que los redactores han sido demasiado severos. Las ordenanzas criminales parecen, en muchos puntos, no haber sido dirigidas más que hacia la pérdida de los acusados. Ésta es la sola ley que sea uniforme en todo el reino;

¿pero no debería ser ésta tan favorable para los inocentes como terrible para los culpables? En Inglaterra, un simple encierro hecho sin motivo, tiene que ser reparado por el ministro que lo ha decretado; pero en Francia el inocente que ha sido sumergido en un calabozo, que ha sufrido el tormento, no tiene que esperar ningún consuelo, ni puede repetir contra nadie, y queda deshonrado para siempre en la sociedad. ¡El inocente deshonrado! ¿Y por qué? ¡Porque ha sido dislocado! Esto debería inspirar la compasión y el respeto. Las indagaciones de los crímenes requieren algunos rigores: ésta es una guerra que la justicia humana hace a la maldad; pero hasta en la guerra puede haber generosidad y compasión. El valiente es compasivo, ¿cómo el legista puede ser bárbaro?

Comparemos aquí, sólo en algunos puntos, el procedimiento criminal de los romanos con el nuestro.

Entre los romanos se oían los testigos en público, y en presencia del acusado, que podía responderles, interrogarles él mismo, u oponerles un abogado. Este procedimiento era noble, franco y respiraba la magnanimidad romana.

Entre nosotros todo se hace en secreto. Un solo juez, con el escribano, oye los testigos, uno después de otro. Este uso, establecido por Francisco I, fue autorizado por los comisarios que recopilaron la ordenanza que Luis XIV dio en 1670. una equivocación fue la única causa de ello.

Se imaginaron al leer el código de *Testibus*, que estas palabras,[30] *testes intrare judicii secretum*, significaban que los testigos eran interrogados en secreto. Pero aquí *secretum* significa el gabinete del juez. Es decir *intrare secretum*, por expresar, hablar secretamente, eso no sería latín. De modo que fue un solecismo el que hizo esta parte de nuestra jurisprudencia.

Los testigos son por lo regular gentes de la hez del pueblo, y a quienes el juez puede hacer decir todo cuanto quiera. Estos testigos vuelven a ser oídos por segunda vez, pero siempre en secreto, lo que se llama *recuerdo*. Y si después de este recuerdo se retractan de sus deposiciones, o las mudan esencialmente, son castigados

[30] Véase Bornier, título VI, art. 2, de las Informaciones.

como falsos testigos. De modo que cuando un hombre de una concepción simple, y que no sabe explicarse, a pesar de tener el corazón recto, acordándose de que ha dicho o demasiado o poco sobre el particular, que no ha entendido bien al juez, o que el juez le ha entendido mal a él, revoca, por un principio de justicia, lo que antes había dicho, es castigado como un pícaro, y muchas veces se ve en la necesidad de sostener un falso testimonio, sólo por miedo de ser tratado como testigo falso.

Huyendo, se expone a ser condenado, que el crimen haya sido averado o no. A la verdad, algunos jurisconsultos han asegurado que los contumaces no debían ser condenados, a menos que el crimen hubiese sido probado con la mayor claridad; pero otros legistas, menos ilustrados y tal vez más imitados, han tenido una opinión contraria: se han atrevido a decir que la huida de un acusado era una prueba de su crimen; y que el menosprecio que hacía ver por la justicia, rehusando comparecer ante ella, merecía el mismo castigo que si hubiese sido convencido. De modo que, según la máxima de los jurisconsultos que el juez haya adoptado, el inocente será absuelto o condenado.

Es un grande abuso en la jurisprudencia francesa que con frecuencia se tome por una ley lo que no es más que un desvarío o un error, muchas veces cruel, de vagabundos que han dado su parecer por ley.

Bajo el reinado de Luis XIV se han hecho dos ordenanzas que son uniformes en todo el reino. En la primera, que tiene por objeto los procedimientos civiles, es prohibido a los jueces condenar por contumacia en materias civiles cuando la demanda no ha sido aprobada; pero no se dice en la segunda, que es sobre las causas criminales, que el acusado sea puesto en libertad por falta de pruebas. ¡Cosa extraña! La ley dice que a un hombre a quien se le pide algún dinero no debe ser condenado por contumacia, hasta que la deuda sea averada; pero si se trata de la vida, es una controversia en los tribunales de justicia saber si se debe condenar el contumaz, cuando el crimen no ha sido probado, y la ley no resuelve la dificultad.

Cuando el acusado se ha escapado, empezáis por apoderaros y anotar todos sus bienes; y para esto no esperáis tan solamente a que el procedimiento esté acabado. ¡Aún no tenéis ninguna prueba, aún no sabéis si es inocente o culpable, y ya empezáis haciéndole gastos inmensos!

Ésta es una pena, decís, con que castigáis su desobediencia al decreto de arresto. ¿Pero no puede ser el rigor extremo de vuestro procedimiento criminal lo que le obligue a esta desobediencia?

Si un hombre está acusado de un crimen, empezáis por encerrarle en un calabozo horrible; no permitís que tenga comunicación con nadie; le cargáis de hierros como si ya le hubieseis juzgado culpable. Los testigos que deponen contra él son oídos secretamente. Sólo los ve un momento en la confrontación; antes de oír sus deposiciones, debe alegar las razones que tiene para reprobarlos; tiene que circunstanciarlas; tiene que nombrar en el mismo instante todas las personas que puedan apoyar estas razones; sus reproducciones no son admitidas después de la lectura de las deposiciones. Si llega a hacer ver a los testigos, o que han exagerado los hechos, o que han omitido otros, o que se han engañado en los detalles, el temor del suplicio les hará perseverar en su perjurio. Si las circunstancias que el acusado ha explicado en el interrogatorio lo son de un modo distinto por los testigos, esto bastará para que unos jueces ignorantes, o llenos de preocupaciones, condenen a un inocente.

¿Cuál es el hombre a quien este procedimiento no asuste? ¿Dónde hallar un hombre tan justo que pueda estar seguro de no abatirse? ¡Oh, jueces! ¿Queréis que el inocente acusado no se escape? Pues facilitadle los medios de defenderse.

La ley parece obligar al magistrado a conducirse con el acusado más como enemigo que como amigo. Este juez es dueño de mandar la confrontación del acusado con el testigo, o de omitirla.[31] ¿Cómo es posible que una cosa tan interesante como la confrontación sea arbitraria?

Sobre este particular la costumbre parece contraria a la ley, que es equívoca; siempre hay confrontación, pero el juez no siempre confronta a todos los testigos; muchas veces omite los que le pa-

---

[31] *Y si preciso fuese, confrontad*, dice la ordenanza de 1670, título 15, artículo primero.

rece no ser de bastante importancia; no obstante, aquel testigo que nada ha dicho contra el acusado en la información puede deponer en su favor en la confrontación. El testigo puede haber olvidado algunas circunstancias favorables al acusado, el mismo juez puede no haber bien conocido al principio el precio de las circunstancias, y no haberlas anotado. Es, pues, muy importante confrontar a todos los testigos con el acusado, y que en este caso la confrontación no debe ser arbitraria.

Si se trata de un crimen, el acusado no puede tener un abogado, por consiguiente, no tiene más recurso que el de la huida: esto es lo que todas las máximas de la justicia le aconsejan; pero si se escapa, se expone a ser condenado, sea que el crimen haya sido probado, o no. De modo que un hombre a quien se le pide algún dinero no puede ser condenado por contumacia, a menos que la deuda sea averada; pero cuando se trata de la vida, se puede condenar por contumacia aunque el crimen no haya sido aún probado. ¡Cómo! ¡La ley habría hecho más caso del dinero que de la vida! ¡Oh, jueces! Consultad al piadoso Antonino y al buen Trajano; ambos prohíben que un ausente pueda ser condenado.[32]

¡Cómo! Vuestra ley permite que un cohechador, un bancarrotero fraudulento, tenga el recurso de un abogado, y muchas veces un hombre de honor se ve privado de este socorro! Si puede hallarse una sola ocasión en que un inocente sea justificado por el ministerio de un abogado, ¿no es evidente que la ley que le priva de este auxilio es injusta?

El primer presidente de Lamoignon decía contra esta ley que: "el abogado o consejero que era la costumbre dar a los acusados no es un privilegio dado por las ordenanzas ni por las leyes, es una libertad adquirida por el derecho natural, que es más antiguo que todas las leyes humanas. La naturaleza enseña al hombre a tener recurso a las luces de los demás, siempre que él mismo no posea bastantes para conducirse, y a que busque socorros cuando se reconoce demasiado débil para defenderse a sí mismo. Son tantas las ventajas de que nuestras ordenanzas han privado a los acusa-

---

32 Digest. L. I, lib. 49, tit. 17 *de requirendis vel absentibus damnandis*; y L. V, lib. 48, tit. 19 *de Pœnis*.

dos, que es bastante justo conservarles lo que queda, y, sobre todo, el abogado, que forma la parte más esencial de ello. Y si se quiere comparar nuestros procedimientos con los que los romanos usaban, y los que se usan en otras naciones, se verá que no los hay más crueles que los franceses, sobre todo desde la ordenanza de 1539."[33]

La ordenanza de 1670 la ha hecho aún más rigurosa. Hubiera sido más dulce si el mayor número de los comisarios hubiesen pensado como M. de Lamoignon.

El parlamento de Tolosa tiene una costumbre muy singular en las pruebas por testigos. En otras partes admiten unas medias pruebas que no son en realidad más que dudas; pues es sabido que no existen medias verdades; pero en Tolosa se admiten las cuartas y octavas partes de pruebas. Por ejemplo, un *he oído decir*, puede ser considerado como un cuarto de prueba, y otro *he oído decir* un poco más vago, como una octava parte; de modo que ocho rumores, que no son en realidad más que el eco de un rumor mal fundado, pueden componer una prueba completa; y fue poco más o menos sobre este principio que Juan Calas fue condenado a la rueda.

Las leyes romanas exigían que las pruebas fuesen *luce meridiana clariores*.

CAPÍTULO XXIV

IDEA PARA ALGUNA REFORMA

La magistratura es tan respetable, que sólo en los países en que es enteramente venal, es donde se desea que se quite esta costumbre. Se desea que el jurisconsulto pueda llegar por su mérito a hacer la justicia que sus veladas, su voz y sus escritos han defendido. Tal vez entonces, a fuerza de trabajo, se verá renacer una jurisprudencia regular y uniforme.

¿Se juzgará siempre de un modo diferente la misma causa en la

---

[33] Proceso verbal de la ordenanza, p. 163.

provincia que en la capital? ¿Es posible que un mismo hombre tenga razón en Bretaña y sea condenado en el Languedoc? ¡Pero qué digo! Hay tantas jurisprudencias como ciudades; y aun en el mismo parlamento, las máximas de una sala no son las mismas que en la otra.[34]

¡Qué contrariedad tan prodigiosa entre las leyes del mismo reino! En París, un hombre que ha estado domiciliado por espacio de un año y un día, es considerado como vecino de la villa. En *la Franche-Comté*, un hombre libre que ha vivido un año y un día en una casa de servidumbre, se hace esclavo; sus colaterales no heredarán de lo que haya adquirido en otras partes; y sus mismos hijos se ven reducidos a la mendicidad, sólo con que hayan vivido un año entero fuera de la casa donde su padre ha muerto. Esta provincia se llama franca, ¡pero qué franqueza!

Cuando se quieren establecer los límites entre la autoridad civil y los usos eclesiásticos, ¡qué disputas interminables se elevan!, ¿y dónde están estos límites? ¿Quién conciliará las contradicciones eternas del fisco y de la jurisprudencia? En fin, ¿por qué en algunos países los arrestos no son nunca motivados? ¿Hay acaso vergüenza en dar el motivo de un juicio? ¿Por qué los que juzgan en nombre del soberano no le prestan sus sentencias de muerte antes de que sean ejecutadas?

Por cualquier parte que extendamos nuestra vista, vemos la contrariedad, la dureza, la incertidumbre y la arbitrariedad. En este siglo queremos perfeccionarlo todo; tratemos, pues, de perfeccionar las leyes de que dependen nuestras vidas y fortunas.

FIN DEL COMENTARIO

---

[34] Ved sobre esto al presidente Bouhier.

RESPUESTA A LAS NOTAS Y OBSERVACIONES DE UN FRAILE DOMINICO

SOBRE EL LIBRO

DE LOS DELITOS Y DE LAS PENAS

NOTA. Esta crítica absurda y la respuesta de Beccaria, *que se toma el trabajo de espachurrar esta oruga*, formarían un tomo voluminoso. Pero nos contentaremos con dar sólo lo que pueda inspirar algún interés.

RESPUESTA A LAS NOTAS Y OBSERVACIONES DE UN FRAILE DOMINICO SOBRE EL LIBRO *DE LOS DELITOS Y DE LAS PENAS*[1]

Estas notas y observaciones no son más que una colección de injurias contra el autor del libro *De los delitos y de las penas*. En ellas le tratan de fanático, impostor, de escritor falso y dañoso, de satírico desenfrenado, de seductor del público. Le echan en cara haber destilado la hiel más amarga, de añadir a las más vergonzosas contradicciones los rasgos pérfidos y ocultos de la disimulación, y de escribir con oscuridad por maldad. El que me critica puede estar seguro de que no responderé a las personalidades.

Representa mi libro como una obra horrible, envenenada, de una licencia dañosa, infame e impía. Halla en ella blasfemias desvergonzadas, ironías insolentes, bufonadas indecentes, sutilidades peligrosas, burlas escandalosas y calumnias groseras.

La religión y el respeto debido a los soberanos sirven de pretexto a dos de las más graves acusaciones que se encuentran en estas notas y observaciones. Éstas serán las solas a que me creo obligado a responder. Empecemos por la primera.

CAPÍTULO PRIMERO

ACUSACIÓN DE IMPIEDAD

1° "El Autor del libro *De los delitos y de las penas* no conoce aquella justicia cuyo origen dimana del legislador eterno que lo ve y prevé todo."

---

[1] Este fraile del convento de Vallombrense se llamaba Vincenzo Facchinei de Corfri.

He aquí sobre poco más o menos el silogismo del autor de las notas.

"El autor del libro *De los delitos* no aprueba que la interpretación de la ley dependa de la voluntad y del capricho de un juez.—Pero, el que no quiere confiar la interpretación de la ley a la voluntad y a los caprichos de un juez, no cree en una justicia emanada de Dios.—Luego el autor no admite una justicia puramente divina..."

2º "Según el autor del libro *De los delitos y de las penas*, la Escritura Sagrada no contiene más que imposturas."

En todo el curso de la obra *De los delitos y de las penas* no se habla de la Sagrada Escritura más que una sola vez, y ésta es cuando hablando de los errores religiosos en el capítulo XLII, he dicho que no hablaba de este pueblo elegido de Dios, que se sirvió de milagros extraordinarios y gracias señaladas en vez de política humana. (Véase p. 125.)

3º "Todas las gentes sensatas han hallado en el autor del libro *De los delitos y de las penas*, un enemigo del cristianismo, un mal hombre y un mal filósofo."

Me importa poquísimo que mi censor me tenga por buen o mal filósofo; los que me conocen dicen que no soy mal hombre.

¿Soy acaso el enemigo del cristianismo porque insisto en que la tranquilidad de los templos sea asegurada bajo la protección del gobierno; y cuando hablando de las grandes verdades digo que la revelación es la sola que haya conservado toda su pureza, aun en medio de la oscuridad tenebrosa que durante tantos siglos ha envuelto al mundo?

4º "El autor de *De los delitos y de las penas* habla de la religión como si fuese una simple máxima de política."

"El autor de *De los delitos y de las penas* llama a la religión un dogma sagrado del Cielo." ¿Es posible que trate de simple máxima política lo que le parece un don sagrado del cielo?

5º "El autor es un enemigo declarado del Ser supremo."

Yo ruego con todo mi corazón a este Ser supremo, que se digne perdonar a todos los que me ofenden.

6º "Si el cristianismo ha causado algunas desgracias y algunos homicidios, las exagera, mientras que pasa en silencio los bienes y las ventajas que la luz del Evangelio ha derramado sobre todo el género humano."

No se hallará en todo mi libro un solo pasaje que hable de los males ocasionados por el Evangelio, ni aun adelanto un solo hecho que tenga relación con él.

7° "El autor profiere una blasfemia contra los ministros de la religión cuando dice que sus manos están teñidas de sangre humana."

Todos cuantos han escrito sobre la historia, desde Carlo Magno hasta Othon-el-grande, y aun después, han proferido a menudo la misma blasfemia. ¿No es cosa sabida que durante tres siglos el Clero, los abades, y aun los obispos, no se hicieron ningún escrúpulo de ir a la guerra? ¿Y no se puede decir, sin blasfemar, que unos eclesiásticos que se hallaban en medio de las batallas, y que tomaban una parte activa en el destrozo, teñían sus manos con sangre humana?

8° "Los prelados de la Iglesia católica, tan recomendables por su dulzura y humanidad, pasan en el libro *De los delitos y de las penas* por autores de unos suplicios tan bárbaros como inútiles."

La culpa no es mía si me veo en la necesidad de repetir, más de una vez, la misma cosa. Pero nadie me puede citar una sola frase en toda mi obra que diga que los prelados han inventado suplicios.

9° "La herejía no puede llamarse crimen de *lesa majestad* divina, según el autor del libro *De los delitos y de las penas*."

No hay una sola palabra en toda mi obra que dé lugar a semejante imputación. En ella no me he propuesto tratar más que *De los delitos y de las penas*, y no de pecados.

Hablando del crimen de *lesa majestad* he dicho que sólo la ignorancia y la tiranía, que confunden las palabras e ideas más claras, pueden solas dar este nombre, y castigar como tales, con el último suplicio, delitos de otra naturaleza. El crítico ignora tal vez que en los tiempos de tiranía y de ignorancia abusaron de la palabra de *lesa majestad*, aplicándola a unos delitos de una naturaleza muy distinta, pues que no tenían por objeto la destrucción de la sociedad. Que consulte la ley de los emperadores Graciano, Valentiniano y Teodosio; ésta considera como culpables del delito de *lesa majestad* a aquellos que sólo se han atrevido a dudar de la bondad del conocimiento de un emperador, cuando ha conferido algún empleo. Otra ley de Valentiniano, de Teodosio y de Arcadio, le hará ver que los monederos falsos eran también considerados como criminales de *lesa majestad.* Se necesitaba también un decreto del Senado para descargar del delito de *lesa majestad* a aquellos que habían refundido las estatuas de los emperadores, aunque estuviesen viejas y mutiladas. Sólo se dejó de acusar de delito de *lesa majestad* a aquellos que vendían las estatuas de los emperadores, después de un edicto de Severo y de Antonino: y estos príncipes hicieron un decreto que prohibía que se persiguiese por este crimen a los que, por casualidad, hubiesen arrojado una piedra contra la estatua del emperador. Domiciano condenó a muerte a una dama romana, por haberse desnudado delante de su estatua. Tiberio condenó a muerte, como por crimen de *lesa majestad*, a un ciudadano que había vendido una casa donde se hallaba la estatua del emperador.

Hasta en los siglos menos lejanos del nuestro verá a Enrique VIII abusar de tal modo de la ley, que quiso hacer perecer en un suplicio infame al duque de Norfolk, bajo pretexto de crimen de *lesa majestad*, sólo porque había añadido las armas de Inglaterra a las de su familia. Este monarca llegó hasta a declarar culpable del mismo crimen a cualquiera que se atreviese a prever la muerte del rey, lo que fue causa de que en su última enfermedad, los médicos no quisieron advertirle del peligro eminente en que se hallaba.

10º "Según el autor de *De los delitos y de las penas*, los herejes anatematizados por la Iglesia, y proscritos por sus príncipes, son víctimas de una mera palabra."

Todas estas interpretaciones son falsas. Yo no he hablado más que del crimen de *lesa majestad* humana; y esta palabra de *lesa majestad* ha sido muchas veces un pretexto a la tiranía, sobre todo en tiempo de los emperadores romanos. Toda acción que les desagradaba era reputada crimen de *lesa majestad.* Suetonio dice que el crimen de lesa majestad era el delito de los que no habían cometido ninguno. Si he dicho que la ignorancia y la tiranía han dado este nombre a delitos de una naturaleza muy distinta y hecho a los hombres víctimas de una palabra, lo he dicho según la historia lo demuestra.

11° "¿Puede haber mayor blasfemia que la de sostener, con el autor del libro *De los delitos y de las penas*, que la elocuencia, la declamación y las verdades más sublimes son un freno demasiado débil para retener por mucho tiempo las pasiones humanas?

No puedo entender cómo la acusación de blasfemia puede comprender lo que he dicho acerca de la elocuencia y de la declamación. Luego el censor la ha dado a la insuficiencia que atribuye a *las verdades más sublimes*. Le pregunto yo si cree que estas sublimes verdades, es decir, las de la fe, son conocidas en Italia. Sin duda me responderá que sí. ¿Pero estas verdades han servido acaso, en Italia, de freno a las pasiones humanas? Todos los oradores sagrados, todos los jueces, y en fin, todos los hombres, me asegurarán de lo contrario. Luego es un hecho el que las *sublimes verdades* son para las pasiones humanas, un freno incapaz de retenerlas, o que no tardan mucho en romper; y mientras tanto que haya en un pueblo católico jueces criminales, prisiones y castigos, será una prueba de la poca eficacia de las verdades más sublimes.

12° "El autor del libro *De los delitos y de las penas* escribe imposturas sacrílegas contra la Inquisición."

Ninguna mención directa o indirecta es hecha en mi libro sobre la Inquisición. Pero pregunto a mi acusador si le parece bien conforme a las máximas de la Iglesia condenar a los hombres a perecer entre las llamas. No vemos en el seno mismo de Roma, bajo los ojos del vicario de Jesucristo, en la capital de la religión católica, llenar en el día, con respecto a los protestantes, de cualquiera nación que sean, todos los deberes de la humanidad y de la hospitalidad. Los últimos Papas, y sobre todo el que reina en el día, han recibido con la mayor bondad a todos los ingleses, holandeses y rusos que se les han presentado: estos pueblos de sectas y religiones diferentes tienen en Roma toda la libertad posible, y nadie mejor que ellos puede estar seguro de gozar en esta ciudad de la protección de las leyes y del gobierno.

13° "El autor del libro *De los delitos y de las penas* pinta con colores odiosos las órdenes religiosas y sobre todo a los frailes."

Me parece que sería muy difícil poder citar un solo pasaje de mi libro que haga mención de las órdenes religiosas ni de los frailes, a menos que no se interprete arbitrariamente el capítulo en que hablo de la ociosidad.

14° "El autor del libro *De los delitos y de las penas* es uno de aquellos escritores impíos para quien los eclesiásticos no son más que charlatanes, los monarcas tiranos, los santos fanáticos, la religión una impostura, y que ni aun respetan la majestad de su Creador, contra el que vomitan las blasfemias más atroces."

Pasemos a las acusaciones de sedición.

CAPÍTULO II

ACUSACIONES DE SEDICIÓN

1° "El autor del libro *De los delitos y de las penas* considera a todos los soberanos del siglo como unos crueles tiranos."

Una sola vez he hablado en el discurso de mi obra de los soberanos y de los principios que reinan en el día en Europa; y he aquí lo que he dicho: —¡Dichosa sería la humanidad si recibiese leyes por primera vez! Si estas leyes fuesen dictadas por los soberanos que gobiernan hoy día en Europa..., etc. (Véase fin del cap. XXVIII.)

2° "No puede uno menos de asustarse al ver la confianza y la libertad con que el autor del libro *De los delitos y de las penas* se desata furioso contra los soberanos y los eclesiásticos."

La confianza y la libertad no son un mal. *Qui ambulat simpliciter, ambulat confidenter; qui autem depravat vias suas, manifestus erit.*[2]

Si he aprobado en los vasallos un cierto espíritu de independencia, ha sido con tal de que este espíritu esté sometido a las leyes y sea respetuoso con los primeros magistrados. Deseo también que los hombres, no teniendo que temer la esclavitud y gozando de su libertad bajo la protección de las leyes, se hagan soldados intrépidos, defensores de la patria y del trono: ciudadanos virtuosos y magistrados incorruptibles que pongan al pie del trono los tributos y el amor de todas las órdenes de la nación, y que derramen en las cabañas la seguridad y la esperanza de una suerte cada vez más

[2] Proverbios, Cap. 10.

dulce. Ya no estamos en los siglos de Calígula, de Nerón, ni de Heliogábalo; y el censor hace muy poca justicia a los principios reinantes con creer que mis máximas puedan ofenderlos.

3º "El autor del libro *De los delitos y de las penas* sostiene que el interés del particular vale más que el de toda la sociedad en general, o el de los que la representan."

Si semejante absurdo existiese en el libro *De los delitos y de las penas*, no creo yo que mi adversario hubiese compuesto un tomo de 191 páginas sin otro objeto más que el de refutarla.

4º "El autor del libro *De los delitos y de las penas* contesta al soberano el derecho de castigar de muerte."

Como no se trata aquí ni de religión ni de gobierno, sino únicamente de la verdad de un razonamiento, mi acusador es muy dueño de tomarlo como mejor le parezca. Yo reduzco mi silogismo a la forma siguiente:

No se debe dar la pena de muerte, a menos que sea útil o necesaria.

Pero la pena de muerte no es ni necesaria ni verdaderamente útil.

Luego no se debe dar la pena de muerte.

Aquí no se trata, de ningún modo, de discutir los derechos del soberano. El crítico no querrá, me parece, sostener que se deba dar la pena de muerte aun cuando no sea ni útil ni necesaria. Un propósito tan cruel y tan escandaloso no puede ser proferido por la boca de un cristiano. Si la segunda parte del silogismo no es exacta, esto será un crimen de *lesa lógica*, y no de *lesa majestad*. Además que se me pueden excusar mis imaginarios errores, porque se parecen mucho a aquellos en que cayeron tantos celosos cristianos de la primitiva Iglesia;[3] se parecen también a aquellos que seguían los frailes del tiempo de Teodosio-el-grande hacia fines del siglo IV. Muratori habla de ellos en sus anales de Italia, año de 389; dice

---

[3] Se puede consultar a los santos padres, y entre otros a *Tertuliano*, en su apolog. cap. 37, donde dice que los cristianos tenían la máxima de *dejarse matar ellos mismos, antes que matar a otros*, y en su *Tratado de la idolatría*, cap. 18 y 19, condena toda especie de empleo, de magistratura como prohibido a los cristianos, porque no podía ser ejercido sin verse, alguna vez, en la necesidad de condenar a los criminales a muerte. (*Nota del autor.*)

que "Teodosio dio una ley mandando que todos los frailes se quedasen en sus conventos, porque su caridad por el prójimo llegó a punto de arrebatar a los criminales de las manos de la justicia, no queriendo que se diese la muerte a nadie". Mi caridad no es tan extensa, y confesaré voluntariamente que la de aquellos tiempos estaba fundada sobre falsos principios. Una acción violenta contra la autoridad pública es siempre criminal.

No me quedan más que dos palabras que decir. ¿Hay una ley en el mundo que prohíba decir o escribir que un Estado puede existir y conservar la paz en su interior sin emplear la pena de muerte contra ningún culpable? Diódoro (Lib. 1, cap. 65) dice que Sabacon, rey de Egipto, se hizo admirar como un modelo de clemencia por haber cambiado las penas capitales en las de la esclavitud, y que hizo un dichoso empleo de su autoridad cuando condenó a los culpables a trabajos públicos. Strabon (Lib. XI) nos dice que había cerca de Cáucaso algunas naciones que no conocían la pena de muerte, aun cuando los delitos merecían los mayores suplicios, *nemini mortem irrogare quamvis pessima merito.* Esta verdad se halla consignada en la historia romana, a la época de la ley *Porcia*, que prohíbe quitar la vida a un ciudadano romano, a menos que la sentencia de muerte no haya obtenido el consentimiento general de todo el pueblo. Tito Livio habla de esta ley (Lib. X, cap. 9). En fin, el ejemplo presente de un reinado de 20 años sobre el imperio más vasto de Europa (Rusia) atesta aún esta verdad. La emperatriz Elizabeta, muerta ya hace algunos años, juró al subir al trono de los zares, que ningún culpable moriría bajo su reinado. Esta augusta princesa ha cumplido constantemente con la obligación que ella misma se había impuesto, sin interrumpir el curso de la justicia criminal, y sin exponer en nada la tranquilidad pública. Si estos hechos son incontestables, se podrá, pues, decir con verdad, que un Estado puede subsistir y ser dichoso sin castigar de muerte a ningún criminal.

FIN DE LA RESPUESTA
A LAS NOTAS Y OBSERVACIONES

EXTRACTO DE LAS OBSERVACIONES PUBLICADAS EN 1767

SOBRE EL LIBRO

DE LOS DELITOS Y DE LAS PENAS

NOTA. Es preciso distinguir estas observaciones de las notas y observaciones del fraile, de quien acabamos de recorrer algunas páginas. Las que siguen merecen ser colocadas al lado del libro de Beccaria. Las cosas de poca importancia se han suprimido.

EXTRACTO DE LAS OBSERVACIONES PUBLICADAS EN 1767, SOBRE EL LIBRO *DE LOS DELITOS Y DE LAS PENAS*[1]

Si el objeto de esta obra fuese examinar las leyes políticas y el origen de los tratados que se hacen de nación a nación, sería, no hay duda, necesario sacar sus principios del momento de las redacción de estas mismas leyes, en el momento en que los hombres, cansados de un estado de guerra que les privaba de la libertad que querían defender, dictaron las condiciones que unieron diversas sociedades. Pero la necesidad había unido a los hombres antes de unir a las naciones.

Para hallar el origen del derecho de castigar, es preciso considerar primero la formación de las primeras sociedades; entonces subiremos hasta el primer crimen, ocasión infalible de la primera ley criminal, y veremos que estas primeras leyes no debieron ser más que el grito de la naturaleza y del deseo de la conservación, y no el resultado de las convenciones hechas entre los hombres libres.

Las necesidades de los hombres, más fácilmente satisfechas en común que en particular, fueron el origen de las primeras sociedades: y éstas forman aún la cadena que une a las familias, las provincias y las naciones. Las leyes no han sido las condiciones de estas primeras reuniones, porque los hombres aislados tratando de reunirse, conocían que podían serse útiles recíprocamente; pero en el primer instante no previeron que podían dañarse.

No obstante el interés personal, no tardó en dar nacimiento al espíritu de propiedad, que animando con mayor fuerza uno de estos individuos, le hicieron cometer el primer crimen, el asesinato

[1] Estas observaciones, publicadas en Ámsterdam, en casa de Marco Micael Rey, en 1767, anónimas, son de Carlos Augusto Hautefort.

de su vecino, con el objeto de apoderarse de su mujer o de su trabajo.

Sin duda, semejante atentado no había sido previsto: como los primeros hombres no tenían crímenes, tampoco tenían leyes. No obstante el culpable fue castigado de muerte. Las fieras que trataba de destruir eran menos dañosas que este monstruo: el interés particular, temiendo por sí mismo, hizo masa común contra el interés del culpable, y el castigo, que el autor llama un asesinato público, precedió la sentencia. Éstos, sin duda alguna, son los primeros sentimientos del corazón del hombre, cuando ha sido ofendido fuertemente.

Vamos ahora si el castigo del culpable fue legítimo, aunque no hubiese dado a nadie el derecho de ser castigado.

Para que un castigo sea justo, es preciso que sea proporcionado al delito, y que sea tal, que el mismo criminal conozca que ha merecido la pena que le imponen.

Para que la pena sea proporcionada al crimen, es preciso también que el que destruye sea destruido, porque si no lo fuese, podría destruir aún; que el que turba sea turbado, a fin de que no vuelva a turbar. Ésta es la ley que condena el asesino a muerte. El mismo hubiera pronunciado esta ley contra todo otro culpable, porque su propia seguridad se lo hubiera dictado. He aquí su confesión, y las pruebas de la legitimidad de su suplicio.

El primer gobierno que se estableció no ha podido ser otro que el democrático. Pero la voluntad de todos, en oposición a la particular, podía tanto menos contener a los hombres, cuanto su número iba aumentando. Entonces fue cuando la ambición y la astucia vinieron al socorro de la anarquía, inevitable en un pueblo de soberanos; y el crimen o la persuasión dieron en breve nacimiento a la aristocracia, en la cual algunos individuos, representando la voluntad de todos, lograron formar las voluntades particulares y contenerlas.

Ésta es la sola época en que se puede fijar la redacción de las leyes criminales; los árbitros de la fuerza o la persuasión acaban de establecer, necesitaban, que unas convenciones recopiladas de modo que les forzasen a ser justos y obligasen al mismo tiempo a los hombres a someterse. De modo que las leyes han sido dictadas por la voz del menor número, y el interés general las ha sostenido.

No obstante estas leyes, promulgadas en diferentes climas, uniformes en sus motivos, debían necesariamente diferir en sus medios: ¿se podía acaso esperar que el espíritu de justicia que castigaba en todas partes, castigaría en todas del mismo modo?

Estas diferencias han debido depender de la forma de los gobiernos, que asegurando más o menos libertad a los individuos, eran más o menos rígidos en sus castigos.

Para que las leyes sean respetadas, basta con que sean justas; si esto no es lo que los hombres quieren, es a lo menos lo que deben querer.

Si se consultasen actualmente todos los miembros de la sociedad para la formación de las leyes, la voluntad de todos no sería a buen seguro uniforme; es pues muy útil recoger con cuidado el consentimiento de los siglos pasados, y sobre todo el efecto que tal o cual ley ha producido bajo tal o cual administración, en tal o cual clima, a fin de adoptar los medios más eficaces de orden. La experiencia de lo pasado es tal vez el más precioso bien del tiempo presente.

El autor desearía que el código criminal, decidiendo de todos los casos posibles, y compilado como el código civil, se hiciese, con el socorro de la imprenta, bastante público para que su estudio sirviese para hacer mejores a los hombres. ¿Pero no se debería temer al contrario, que este estudio produjese en los malvados el mismo efecto que el código civil ha producido en los hombres pleitistas, y que combinarían de tal modo las circunstancias de sus crímenes, que la ley, viéndose sin recurso, tendría que dejarlos sin castigo?[2]

"La creencia que se debe dar a un testigo debe ser calculada por el interés que pueda tener en decir o no la verdad"; y la ley que tiene interés en saberla, debe excluir del testimonio los que

---

[2] Estos temores han sido desvanecidos en la *Teoría de las leyes criminales*, de Brissot de Warville, y en algunas otras obras estimadas. Éstas han demostrado que la publicidad de un código penal, además de su verdadera utilidad, es de derecho natural.

podrían tener un interés en ocultarla. Este interés puede ser natural o excitado; de modo que es muy prudente no admitir las deposiciones de personas notadas de infamia, porque pueden ser más fácilmente corrompidas; tampoco deben ser admitidos los parientes del acusado, porque tienen demasiado interés en que sea absuelto.

Por este gran principio, el interés particular es el motor de la mayor parte de las acciones de los hombres, y las acusaciones secretas son un abuso manifiesto en una sociedad cuya libertad está fundada sobre la justicia; sólo pueden ser admitidas bajo el gobierno tiránico de uno solo y sobre todo de muchos, porque en estas diferentes administraciones, el descontento de los súbditos produce la inquietud de los tiranos, y que la destrucción de los inocentes les toca menos que la de los sediciosos les es útil.

El autor parece haber sentido con mucha fuerza el inconveniente de los tormentos que se dan a los que no son más que acusados. Éstos, sin duda alguna, son tan contrarios a la humanidad como a la justicia; y no se puede, sin contravenir a una y otra, hacer sufrir tormentos a un hombre, para obligarle a confesar el crimen de que se le acusa, porque este medio no puede llenar el objeto de la ley. Ésta debe esencialmente proteger al inocente, y no obligarle a confesarse culpable. De modo que no deben ser empleados más que sobre un criminal, convencido legalmente, para que delate a sus cómplices, ¿pero no sería esencial examinar si la pesquisa de los cómplices no es demasiado rigurosa?...

"Una vez obtenidas las pruebas del delito, y determinada la certidumbre, es necesario otorgar al culpable el tiempo y los medios de justificarse, si lo puede hacer."

Siempre que las pruebas sean perfectas, es decir, "que excluyan la posibilidad de la inocencia del acusado", es sin duda alguna inútil concederles más tiempo y retardar, infructuosamente para él y con peligro para la sociedad, el momento de la ejecución, cuya prontitud, como el autor lo observa, es uno de los frenos más poderosos del crimen.

Pero si las pruebas son imperfectas, el término de la duración de la instrucción, no pudiendo bastar a la prueba posible de la inocencia del acusado, y no disminuyendo nada el momento de la prescripción de la imperfección de las pruebas, el acusado no fue hallado bastante culpable para ser castigado inmediatamente, no siéndolo más, por no haberse justificado, no será menos inocente, si verdaderamente lo fuese; de suerte que en el principio conocido, de que la sociedad tiene más interés en hallar inocentes que culpables, la ley no debe condenar al último suplicio, sino a aquellos contra quien las pruebas son imperfectas, es decir, las que excluyen la posibilidad de la inocencia del acusado.

El que se prepara para cometer un crimen es menos culpable que el que lo comete; pero lo es infinitamente más el que se asocia a sí, por la seducción. El primero calcula y reflexiona; el segundo se deja arrastrar; luego la pena no puede ser la misma.

Los malvados son los enemigos de la sociedad, pero también son sus miembros; bajo el primer título se les debe destruir, y bajo el segundo, conservar. El legislador debe, pues, emplear todos los medios que puedan efectuar ambos objetos. Sembrar la división entre ellos y hacerlos que se sospechen mutuamente, he aquí de lo que se deben ocupar.

Hablando de la impunidad que algunos tribunales otorgan al cómplice de un gran crimen, el autor expone las ventajas y los convenientes de esta ley. En cuanto a mí, no perdiendo nunca de vista los dos grandes objetos que oso llamar el alma de la sociedad, he conocido las ventajas que resultarían de la ley que concede la impunidad al delator, veo que serían las de disminuir el crimen y conservar a los hombres. Nunca podré concebir que haya más bajeza en declarar a unos monstruos que en unirse con ellos; ni tampoco puedo concebir cuáles podrían ser los peligros de semejante traición. Además, que sería de desear que hubiese tantos traidores como conjuraciones se formaran de esta especie: el peligro de estas asociaciones no tardaría en extinguirlas.

Esta ley es, sin duda alguna, el medio más eficaz de impedir que se cometan grandes delitos: éstos son siempre la obra de muchos; y como los malvados no son los solos autores de un crimen, porque los débiles que componen siempre el mayor número, son también los instrumentos de él, los remordimientos de que los primeros son susceptibles podrán servir de provecho a la sociedad, siempre que valgan para impedir el crimen.

Pero el temor de estos remordimientos hará que los malvados sean bastante prudentes para no asociarse más que a otros malvados como ellos: desde entonces las asociaciones serán menos numerosas y más raras, dejando no obstante a la sociedad la esperanza de que la traición hará entonces por ella lo que no podrá hacer el remordimiento.

Como la naturaleza no puede dictar la pena de muerte más que en el caso del homicidio, los legisladores no han podido extenderla a menores crímenes, más que con la esperanza de que algunos ejemplos de una severidad (injusta en el derecho), reprimiendo con fuerza a los hombres, serían útiles (en el hecho) pues que producirían con más brevedad el mayor bien. Este motivo es el solo que haya podido hacer que el legislador se aparte de la proporción necesaria que debe de subsistir entre la pena y el delito; luego hay una ley superior al legislador mismo. Esta ley, la primera de todas, le obliga a cambiar o a anular la ley que no produce el bien que se había propuesto.

Tal vez hay monstruos que no necesitan ningún socorro para cometer los mayores crímenes; pero en general, los hombres no se corrompen sino gradualmente. Hijos de la sociedad, la memoria del estado en que han temido por ellos mismos se borra lentamente de su imaginación; aquel que teme a los ladrones no está dispuesto a serlo, y aquel cuyo temperamento sea débil, los temerá siempre.

Luego sólo en la fuga de las pasiones que se desenvuelven según la buena constitución física, es donde encontraremos el motor del crimen: en este estado, el hombre entregado a unas necesidades que la desolación multiplica, sólo halla en el crimen el medio de satisfacerlas, y no titubea más que por miedo de los suplicios; pero de este temor es del que tiene vergüenza, y no de la infamia que las preocupaciones han dado a la rueda; y contra este temor quiere en un principio ejercitar su valor. Los suplicios que son el espectáculo del pueblo, le ayudarán a vencerle; viéndolos concebirá que se puede sufrir cuando se está atado a la rueda: pero saldrá de allí convencido de que el que acaba de ver expirar ha cesado de sufrir; el horror de los tormentos se disminuirá, y el hombre que sea mejor constituido será el que llegará a aguerrirse más pronto.

Observaré, antes de pasar adelante, que las naciones más aguerridas han tenido siempre gladiadores, cuyo objeto era el de acostumbrar a nuestra naturaleza a mirar su destrucción sin horror; y si se considera el efecto que el espectáculo de los suplicios causa al pueblo, se verá que sirven más bien para fortificar el desprecio que un malvado debe temer a la muerte, que a hacer que la tema; luego el objeto de la ley no está satisfecho con esto.

La pena de muerte, cuya vista endurece contra sí mismo el corazón de un criminal, debe ser dada lo menos que se pueda, para que los suplicios conserven el poder de causar horror, pues si produce un efecto contrario, es un mal de más.

Como la pena que hay para un delito no ha sido efectuada sobre un culpable, más que con relación a toda la sociedad, y no para vengar los intereses particulares que han sido violados, la utilidad de los trabajos a que estos culpables deben ser condenados, debe ser general: de modo que todas las partes de la sociedad que han sido comprendidas en la ofensa deben participar en el fruto de la reparación.

El trabajo a que se les debería condenar debiera ser la construcción y el cuidado de los caminos de todo el reino.

Los mayores culpables, como los cómplices del asesinato, los ladrones con fractura, etc., serían puestos a las tareas más arduas de estos trabajos, y deberían por este motivo ser distinguidos de los demás por la diferencia de la marca, que debe determinar el castigo, que la ley les ha impuesto.

Éstas son las ideas que he creído deber añadir a las del autor, que parece haberse alejado de sus principios de humanidad cuando, en el capítulo XXVIII, donde niega a la sociedad el derecho de castigar de muerte, pone a los criminales "bajo los golpes, entre barras de hierro, en las que la desesperación no termina sus males, sino que los empieza"; tormentos inventados por la tiranía, y a los cuales la humanidad, y no la barbarie, ha sustituido la pena de muerte, que se debe no obstante, como ya lo he hecho observar, reservar para el criminal que destruye, a fin de que, si posible fuese, el temor de este suplicio hiciese perder para siempre la idea del homicidio.

En algunos casos, el destierro podría muy bien ser considerado como el justo castigo de un delito; pero es ciertamente contrario a los verdaderos intereses de la sociedad.

Después de haber determinado las pruebas y los indicios que sean suficientes para que la ley pronuncie, después de que hayan sido hechas todas las pesquisas posibles, el acusado debe ser absuelto o condenado. No obstante, hay casos tan complicados, que la nación podría hallarse *en la crueldad alternativa, o de temerle, o de hacerle una injusticia*; uno de ellos es en el que el autor propone una ley, lo menos arbitraria y más precisa que fuese posible, y que sentenciase el destierro.

Si el acusado es verdaderamente culpable, y si su corazón está aún dispuesto al crimen, ¿no es una cosa inhumana transportarle a unas naciones que le acogerán con la porción de amistad, que resentirán por la nación que le ha proscrito, mientras que él llevará a un asilo, del que violará las leyes, el germen de animosidades nacionales? Sería pues preciso que el destierro no tuviese efecto más que con extranjeros, y aun esto, no sin dar aviso a sus tribunales naturales, y que esta pena, en el caso propuesto por el autor, fuese al contrario una orden expresa al acusado puesto en libertad a causa de la imperfección de las pruebas, para que fijase su residencia por un espacio de tiempo prescrito, bajo los ojos del tribunal ante el cual ha sido acusado, aunque su conducta pueda servirle de justificación, y procure nuevas pruebas a la sociedad.

Me parece que esta ley sería tanto más útil, cuanto que conservando sus miembros al Estado, les quitaría los medios de dañarle y porque en esta posición, el acusado creería siempre que los ojos del tribunal estaban fijados sobre sus menores acciones, aun cuando así no fuese.

La promulgación de esta ley destruiría naturalmente aquella que somete los bienes del proscrito a la confiscación, y que como lo observa el autor, hace que el inocente sufra por el culpable.

Pero hay una especie de crímenes cuya pena debe esencialmente recaer sobre la fortuna del culpable, y contra la cual el legislador no podrá nunca ser demasiado rígido: las vejaciones lucrativas, las malversaciones hechas en la manutención del tesoro del soberano y del Estado. Estos delitos deberían ser castigados con la confiscación de todos los bienes del culpable en favor del fisco, y en este caso, los herederos podrían ser legítimamente privados de bienes que les pertenecían, porque en el caso de impunidad, hubieran gozado de los que no les pertenecían.

Pero el suplicio más cruel, y el que sólo recae sobre los inocentes, es el de la extensión horrorosa que las leyes han querido dar al oprobio, haciendo participar en él a los parientes del criminal.

Esta pena, injusta por sí misma, y cuya ejecución tiene la ley que buscarla en lo absurdo de las preocupaciones a que están por desgracia entregadas un gran número de gentes, no ha podido ser establecida más que a fin de excitar, en el interior de las familias, un gran interés para impedir el crimen. Pero si se considera que la autoridad que puede ejercer no está fundada más que sobre unos sentimientos cuyo germen ha sido ahogado en el pecho de los malvados, una vez probada la inutilidad de la ley, sólo se sentirá la injusticia.

"A fin que cada especie de crimen sea más raro en proporción del mal que hace a la sociedad." Es preciso necesariamente que del mayor crimen hasta el menor delito haya una graduación de penas, y que sobre todo, la intención del culpable no sea jamás castigada, porque la sola intención de hacer mal, no hace ninguno, y que las leyes que deben impedir el crimen no deben hacer que la intención y la acción de haberlo cometido sean las mismas. El deseo de hacer el bien no basta para merecer una recompensa.

Casi todas las leyes no hacen más que castigar. Si a éstas se añadiesen otras que recompensasen, y que fuesen igualmente la medida justa de las acciones útiles a la sociedad, este segundo medio de mantener el orden sería sin duda alguna tan eficaz como el primero.

Si la ley inflige la pena de infamia, y las preocupaciones, las costumbres o el sentido íntimo no convinieren con ella, si el hombre no tiene por infame aquel que el juez ha declarado tal, el objeto que se deseaba se pierde, y la ley se ve comprometida.

De modo que relativamente a las injurias y a los duelos que ordinariamente se siguen, el legislador no puede obrar con acierto, más que fundándose sobre la opinión.

Cuando hayamos llegado a convencernos de que se adquiere más honor en convenir de nuestras faltas y en repararlas inmediatamente, que en aumentarlas y sostenerlas, entonces las costumbres serán más suaves, y las injurias menos frecuentes.

Un contrabandista debería ser castigado de otro modo que un ladrón, por la razón de que la opinión pública, como el autor nota, no atribuye ninguna infamia al delito que comete. Las cordelerías de los arsenales, o cualquier otro objeto de esta naturaleza, darían un medio de aplicar el trabajo del culpable al provecho del fisco que quiso defraudar.

En cuanto a las bancarrotas fraudulentas, delito tanto más infame, cuanto que es cometido bajo el velo de la buena fe, todos aquellos que le cometiesen deberían ser condenados a trabajos forzados en la misma clase que los ladrones con fractura.

Si ha sido aprobado que la demasiada severidad en las leyes es un vicio que excita la indignación de los hombres que están sometidos a ellas, se puede también probar que el abuso de la autoridad paternal produce el mismo efecto sobre los hijos, que no pueden obedecer con sumisión más que cuando se dicen a sí mismos: "la voluntad de mi padre es justa".

Es, pues, preciso que el padre conozca a fondo los límites de su autoridad, por medio de las leyes públicas que deben servirle de ejemplo de moderación y de justicia.

Este medio, el solo que puede inspirar a los hijos aquel espíritu de sumisión tan necesario para la sociedad, será más conducente a la reforma de las costumbres que las leyes más severas.

FIN DE LAS OBSERVACIONES

EXTRACTO DEL JUICIO
DE UN PROFESOR ITALIANO
SOBRE EL LIBRO
DE LOS DELITOS Y DE LAS PENAS

EXTRACTO DEL JUICIO DE UN PROFESOR ITALIANO SOBRE EL LIBRO *DE LOS DELITOS Y DE LAS PENAS*

Los fines y los medios diferentes que los legisladores han empleado en las constituciones de los cuerpos políticos tienen entre sí unas relaciones ocultas de conveniencia y desconveniencia, de conexión y de oposición, que Beccaria ha explicado con la ayuda del análisis, cuya ciencia posee eminentemente. Su marcha, más rápida de lo que parece, y su estilo lacónico, desenvolviendo a menudo más ideas de las que explica, ofrece algunas veces un sentido distinto del que parece presentar. Este libro no ha sido hecho para toda clase de lectores; pues aquellos que no tuviesen la precaución de comparar una parte con otra, y de buscar en las frases claras y exactas la inteligencia de las que son oscuras y equívocas (según las reglas de la crítica establecidas para esta especie de delito), no podrían entender ni el pensamiento ni los sentimientos del autor.

Aunque los principios de Beccaria sobre la moral y la política son muy opuestos a los de Hobbes, ha sido considerado por algunos censores como uno de sus más celosos partidarios.

Pero hay una diferencia enorme, sobre todos los puntos, entre estos dos autores. El carácter de Hobbes es el de un misántropo acérrimo; mientras que el de nuestro autor es el de un filántropo amable que no respira más que la humanidad. Un monstruo que tendría placer en despedazar los miembros apenas formados de una tierna criatura de teta, y se mostrase insensible a sus gritos; un cruel asesino que quitase la vida a un generoso libertador que en otros tiempos la hubiese expuesto por salvar la suya de entre las uñas de una fiera, pronta a devorarle, no será por eso menos hombre de bien en el estado de naturaleza de Hobbes, porque no había prometido nada, ni a la desgraciada criatura, ni al generoso bienhechor.

En el estado de naturaleza de Beccaria, la guerra no es justa más que cuando es necesaria, y no permite hacer otro mal con las armas en la mano, que el que es absolutamente necesario.

En el *Leviatán* de Hobbes se halla el despotismo en su último periodo; y en el sistema de nuestro autor, la ley suprema del bien público es el objeto y el término del poder soberano.

Según Beccaria, las penas establecidas por las convenciones sociales y sostenidas por la autoridad pública no serán menos injustas, ilícitas y dignas de reprueba, a menos que sean proporcionadas a los delitos.

La virtud y el vicio son para él unos seres reales e independientes de las acciones y leyes de los soberanos. No se contenta con conocer la esencia de las virtudes y de los vicios, sino que demuestra tanta admiración por las unas, como horror por los otros.

Cuando dice que el hombre y el aspecto de los vicios y las virtudes están sujetos a revoluciones y varían según la diferencia de los tiempos y de los climas, ¿no sería hacerle demasiada injusticia, creer que no reconoce ni vicio ni virtud, cuyas nociones sean invariables para todos los hombres, de todos los tiempos y de todos los lugares? Beccaria admite estas virtudes y habla de ellas con tanto respeto y elogio, como detesta todos los vicios, que les son contrarios.

Pero hay en el mundo virtudes de opinión, vicios imaginarios, mal definidos y peor entendidos, y de los que no se tienen más que ideas falsas y confusas: estas virtudes y vicios son los que tienen tantas vicisitudes; hoy son el ídolo de la credulidad pública, y mañana el objeto del ridículo y el desprecio, según las luces que los hombres tengan.

Las señoras griegas no podían con decencia recibir en su cuarto más que a sus parientes más cercanos, y no obstante, no se las tachaba que compareciesen en los teatros y declamasen por dinero.

Los casamientos entre hermanos eran permitidos en Atenas, y prohibidos en otras partes.

La urbanidad y cortesía que tanto se estimaba en Roma, hicieron que los partos despreciasen a su conciudadano Venon, que se había formado en esta ciudad sobre los mejores modelos de elegancia y amenidad romana.

Algunas naciones consideran los celos como una virtud, y los tienen como un pundonor; mientras que en otras se acarrea el desprecio y la compasión.

En algunas ciudades comerciantes, la avaricia pasa por una economía laudable, y la llaman temperancia y sobriedad; y hay ricas capitales en que denominan magnificencia y generosidad los gastos extremos y las profusiones ruinosas.

En los primeros siglos del imperio romano era una virtud hacer expirar en los más dolorosos y crueles tormentos a los inocentes cristianos, a pesar de que eran buenos ciudadanos y fieles vasallos; y durante algún tiempo, los cristianos se hicieron un punto de religión en degollar a todos los judíos. Hay una infinidad de ejemplos de esta especie, y estos ejemplos mudan de nombre y de país con el tiempo, y siguen la carrera ordinaria de las vicisitudes humanas.

Tales son las virtudes y los vicios que el autor tenía en vista cuando dice que las nociones que comúnmente se tienen de la virtud, del vicio y del honor son oscuras y confusas; lo que no ataca del modo más débil a la esencia inmutable de la virtud y del vicio, ni a su diferencia característica e invariable.

No soy yo quien disculpe a Beccaria de las imputaciones malignas que le transforman en discípulo del antiguo Anaxarco, y lo que es peor, en el del Hobbes moderno. Él mismo se justifica, y todo mi mérito consiste en quererle ser útil haciendo ver que el texto de su libro es el verdadero intérprete de ello, y que sus pasajes claros y precisos son los mejores comentarios de los que están un poco oscuros y equívocos.

FIN DEL JUICIO SOBRE EL LIBRO
DE LOS DELITOS Y DE LAS PENAS

NOTA DE BRISSOT DE WARVILLE
SOBRE EL LIBRO
DE LOS DELITOS Y DE LAS PENAS

NOTA DE BRISSOT DE WARVILLE SOBRE EL LIBRO *DE LOS DELITOS Y DE LAS PENAS*

El suceso del libro *De los delitos y de las penas* ha sido igual a su mérito: se ha traducido en casi todas las lenguas, y es el libro de cabecera de todos aquellos soberanos que tratan de reformar los abusos de la legislación.

Beccaria lo publicó a los veintisiete años de edad. Apareció la primera vez en italiano, en 1764; y muchas ediciones se sucedieron unas a otras. Un literato francés,[1] famoso por muchas obras sobre asuntos políticos, no perdió un momento en darle a conocer en Francia por medio de una traducción en la que aclaró muchos pasajes demasiado oscuros. Otras traducciones, mejores aun que la suya, han sido hechas después; y el *Tratado de los delitos y de las penas* se ha hecho una obra clásica.

No obstante, no ha dejado de tener muchas críticas amargas. Tal es el destino de toda buena obra; pero la crítica se olvida en breve y las armas de la envidia quedan sin ninguna fuerza cuando se oponen a los sufragios universales. Esto fue lo que le sucedió a Beccaria. Un fraile publicó contra él un volumen de injurias, de locuras, de máximas perniciosas para los estados, y ultrajantes para la divinidad, si un miserable insecto puede efectivamente ofender al Ser supremo. Este fraile se decía regularmente el campeón de la religión y de los reyes; y a la sombra de este abrigo respetable, tenía el atrevimiento de imprimir "que un código de leyes publicado y conocido de todo el mundo, autorizaba a mal obrar y hacía los delitos más frecuentes; que el temor era el que sostenía las monarquías; que el hombre, perverso por su naturaleza, se hace mucho peor cuando es libre, y por consiguiente, se le debe encadenar. Decía que las delaciones eran muy útiles para la legislación, y que

---

[1] El abate Morellet.

un tribunal encargado de recibirlas y que condena a un inocente meramente por una simple delación, era un golpe maestro de la política." No puede uno menos de horrorizarse al leer y copiar semejantes atrocidades. El lector las podrá hallar en la disertación satírica de este fraile, que tiene por título: *Notas y observaciones sobre el Tratado de los Delitos y de las Penas.* Beccaria quiso tomarse el trabajo de espachurrar a este reptil, y lo hizo. Ya hace mucho tiempo que se ha olvidado esta crítica.

Un jurisconsulto francés que se ocupaba ya hacía mucho tiempo de materias criminales, tomó también la pluma para refutar a este filósofo italiano. El combate debía ser muy desigual. El criminalista no se presentaba más que acompañado del séquito más fastidioso que noble, de Farinacius, de Clarus, y de las innumerables ordenanzas que se leen pero que nadie sigue. Su adversario, dejando aparte toda citación, no se valía más que de la razón y de la humanidad; pero éstos eran dos auxiliares bien poderosos en un siglo filosófico. Ya hacía algún tiempo que el público había empezado a escucharlas, y a no querer escuchar más que ellas. Beccaria les dejó el cuidado de su venganza; vio aparecer y extinguirse, sin que causase mucho ruido, la crítica del jurisconsulto francés. He tenido la paciencia de leerla, habiendo el autor tenido la de reimprimirla. En ella he visto a Beccaria tratado de *iluminado, de escritor peligroso* y *sin principios*; en ella he visto nuestras leyes penales tratadas de obras maestras de legislación. El buen criminalista francés, arrastrado por el entusiasmo por su ídolo, hace la apología de los tormentos, de los indicios, y de los suplicios más horribles; y parece aun dispuesto a quejarse de que la justicia no es aún bastante cruel; forma los ruegos más sinceros para que se destruya la filosofía y se apague la llama de la humanidad, anunciando a todo el universo que será corrompido y desgraciado mientras que escuche su voz encantadora; que la legislación no puede perfeccionarse ni simplificarse, sino recopilando, leyendo y meditando los millares de tomos publicados por los romanos, los griegos, y sobre todo, por los jurisconsultos franceses, siendo él mismo uno de ellos.

"Vuestro reino ha cesado de ser de este mundo, podría yo decir al intrépido defensor de la cuestión; ya veis que el imperio del error, de aquel error útil sólo para algunos particulares, y tan funesto para el público, ha sido destruido; la ilusión se desvanece para dar entrada a la verdad; esto os echa en el mayor furor, y el dolor que os causa, os hace blasfemar de los apóstoles del bien público; ésta es la única arma que os queda, y esta arma demasiado débil no retardará, yo os lo predigo, el progreso de las luces."

Efectivamente, el *Tratado de los delitos y de las penas* ha hecho tal impresión en los entendimientos, que se han visto producir en muy poco tiempo un gran número de discursos, de memorias y de disertaciones sobre esta materia tan interesante. En medio de este concurso de filósofos, un solo hombre se ha atrevido a escribir contra Beccaria, a arrebatarle la gloria que merecía, y a atacar el suceso que la obra habia tenído. El lector conocerá que hablo del autor de los *anales*.[2] Pero éste es un nuevo triunfo para el escritor italiano.

FIN DE LA NOTA

---

[2] Singuel, véase la noticia de Beccaria.

EXTRACTO
DE LA CORRESPONDENCIA
DE BECCARIA Y DE MORELLET
SOBRE EL LIBRO
DE LOS DELITOS Y DE LAS PENAS

CARTA PRIMERA

A M. BECCARIA

París, y febrero 1766.

Muy señor mío:

Sin tener el honor de seros conocido, creo tener el derecho de enviaros un ejemplar de la traducción que he hecho de vuestra obra *Dei Delitti e delle Pene.* Los eruditos son cosmopolitas y de todas las naciones: los lazos que los unen son más fuertes que aquellos que unen a los ciudadanos de un mismo país, a los habitantes de la misma ciudad y a los miembros de la misma familia. Creo pues poder entablar con vos un comercio de ideas y de sentimientos que me será muy agradable, con tal que no os rehuséis al deseo de un hombre que os ama sin conoceros personalmente, pero al que la lectura de vuestra excelente obra ha inspirado estos sentimientos.

M. de Malesherbes, cuya amistad tengo el honor de poseer, es el que me ha aconsejado que os haga el envío de vuestra obra en nuestra lengua. Para hacer esto no tenía yo necesidad de ser estimulado. Ha sido para mí la ocupación más dulce, la de hacerme, tanto para mi nación como para aquellas a que nuestra lengua se ha extendido, el intérprete y el órgano de las ideas fuertes y grandes, y de los sentimientos de beneficencia de que vuestra obra está llena. Me parecía que de este modo me asociaría al bien que hacéis a los hombres, y que esto me daría también algún derecho al agradecimiento de los corazones sensibles, que desean el buen resultado de los intereses de la humanidad.

Hace hoy ocho días que se ha publicado mi traducción; no he querido escribiros antes porque pensé deber esperar hasta que pudiese daros noticias de la impresión que vuestra obra ha hecho. Puedo ahora aseguraros que su buen suceso ha sido universal, y que además de la estimación en que se tiene la obra, todo el mundo ha concebido por su autor, unos sentimientos que deben lisonjearos aún más, es decir de estima, de agradecimiento, de interés y de afección. He sido particularmente encargado de presentaros las gracias y cumplimientos de M. Diderot, de Helvetius y de M. de Buffon. Hemos hablado mucho de vuestra obra con M. Diderot, cuya imaginación fogosa es muy apta a tomar fuego con semejante obra. Tengo algunas observaciones que comunicaros, que son el resultado de nuestras conversaciones. M. de Buffon se ha servido de las expresiones más fuertes para manifestar el placer que vuestra obra le ha causado, y os ruega que recibáis sus cumplimientos. También he llevado vuestro libro a M. Rousseau, que ha pasado por París, retirándose a Inglaterra donde va a establecerse, y para la que saldrá uno de estos días. No puedo aún deciros su parecer porque no le he vuelto a ver. Es probable que lo sepa hoy, por M. Hume, con quien voy a comer; pero puedo de antemano estar seguro de la impresión que le causará. M. Hume, que vive también con nosotros de algún tiempo a esta parte, me encarga también que os diga mil cosas de su parte.

A estos hombres que conocéis de reputación, añadiré el del barón de Holbach, que los junta a menudo en su casa, autor de varias excelentes obras ya impresas, sobre la química, la historia natural, y varias otras que no son públicas: profundo filósofo, excelente juez de todo conocimiento científico, su alma no es menos sensible y pronta a recibir la amistad. No puedo daros una idea de la impresión que vuestra obra ha producido sobre él, y cuánto ama y estima ya a su autor. Como nuestra vida se pasa regularmente en su casa, es muy justo que empecéis desde ahora a conocerle, pues si llegamos a poder atraeros a París por algún tiempo, su casa será la vuestra. Tomo pues esta ocasión para testificaros sus sinceras gracias. No os hablaré de M. d'Alembert, que ha debido escribiros, y que me ha dicho que quería añadir dos palabras de su mano a mi carta. Ya debéis saber su modo de sentir sobre vuestra obra. A él queda deciros si está contento con mi traducción…

No os quiero ocultar la razón más poderosa que me ha determinado a tratar de daros una buena opinión de mí; y es la esperanza de que me perdonaréis con mayor facilidad, la libertad que he tomado de efectuar algunas mudanzas en la disposición de algunas partes de vuestra obra. En mi prefacio he dado las razones generales que me justifican; pero debo detenerme algo más sobre este particular con vos. En cuanto al espíritu filosófico que se hace dueño de la materia, no hay cosa más fácil que la de comprender el todo de vuestro tratado, cuyas partes se siguen todas unas a otras, y dimanan del mismo principio. Pero para los lectores ordinarios menos instruidos, y sobre todo para los lectores franceses, creo haber seguido un camino más regular, y en un todo más conforme al genio de mi nación, y al estilo de nuestros libros.

La sola objeción que puedo temer es haber debilitado la fuerza y disminuido el calor del original con el establecimiento de este orden. Pero a esto respondo del modo siguiente: sé muy bien que la verdad tiene la mayor necesidad de elocuencia y de sensibilidad. El pensar de otro modo sería absurdo, y sobre todo vos seríais la última persona a quien se pudiese adelantar tan extravagante paradoja. Pero si no se debe sacrificar el fuego al orden, tampoco me parece que se deba sacrificar el orden al fuego, y todo irá mejor si se pueden aliar ambas cosas. Ahora queda que examinar si he salido bien con esta empresa.

Si mi traducción tiene menos fuego que el original, debe atribuirse este defecto a muchas otras causas, y no a la diferencia del orden. Esto podría consistir, o en la debilidad del estilo del traductor, o en la naturaleza misma de toda traducción que debe siempre ser inferior al original, sobre todo en los tratados de sentimientos.

Tampoco debo ocultaros otra objeción que se me ha hecho. Me han dicho que un autor podría resentirse de que se hubiesen hecho mudanzas en sus obras, por útiles que fuesen. Esto puede ser así en general, pero no puede ser el caso con vos. A lo menos, así lo creo. Un hombre de talento que ha compuesto una obra admirada, llena de ideas nuevas y fuertes, y excelente en el fondo, debe poder escuchar con frialdad que su libro no tiene todo el orden de que es capaz. No sólo esto, sino que debe adoptar las mudanzas que se hayan hecho en él, con tal que sean útiles y apoyadas con buenas razones. He aquí lo que espero de vos. Desechad de las mudanzas que he hecho las que os parezcan mal entendidas;

conservar las que os parezcan bien, y creed que esto no hará más que aumentar vuestra reputación. Sois digno de que tenga esta confianza con vos, y espero que no os desagradará.

Acabaré mi justificación citándoos las mayores autoridades que han aprobado la libertad que me he tomado. M. d'Alembert me ha permitido que os diga que ésta es también su opinión. M. Hume, que ha leído con el mayor cuidado el original y la traducción, piensa lo mismo. Podría también citaros a varias otras personas instruidas que han juzgado lo mismo.

El ansia con que el público ha recibido aquí vuestra obra me hace creer que la primera edición no tardará en acabarse, y que antes de un mes será preciso pensar en dar otra. Si en las mudanzas que he hecho hubiese, o desunido las ideas que debían estar unidas, o haber aproximado y reunido cosas que os parezcan dañar al sentido, os ruego que me hagáis saber vuestras observaciones sobre este particular, y en la nueva edición me conformaré con vuestras miras…

Acabaré, caballero, mi larga carta, rogándoos que me consideréis como uno de vuestros mayores admiradores, y como uno de los hombres que más desean tener parte en vuestra estima y en vuestra amistad. Tendría el mayor sentimiento si pensase que no llegará el día en que pueda decíroslo de boca a boca. Espero con la mayor impaciencia recibir noticias vuestras, y saber lo que os ha parecido mi traducción; y si continuáis en la brillante carrera que os habéis abierto, ocupándoos del bien de la humanidad.

Lleno de estos sentimientos de estima, de respeto y de amistad, tengo el honor de ser, etcétera.

MORELLET

RESPUESTA

TRADUCIDA DEL ITALIANO

Milán, y mayo de 1766.

Permitidme, caballero, que me valga de las fórmulas usadas en vuestra lengua, como más cómodas, más simples, más verdaderas, y por consiguiente, más dignas de un filósofo como vos. Permitidme también servirme de un copista, pues la carta que os he escrito es ininteligible. Los sentimientos que me ha inspirado la carta que me habéis escrito son los de la estima más profunda, el mayor reconocimiento y la más tierna amistad. Me sería imposible deciros cuán honrado me siento de que mi obra haya sido traducida en la lengua de una nación que ilustra e instruye toda la Europa. Yo mismo debo todo cuanto sé a los libros franceses. Ellos son los que han despertado en mi alma los sentimientos de humanidad que ocho años de una educación fanática habían ahogado. Los excelentes artículos que habéis insertado en la obra inmortal de la Enciclopedia, me habían ya hecho respetar vuestro nombre, y ha sido para mí la sorpresa más agradable saber que un erudito de tanta reputación como vos se haya dignado traducir mi *Tratado de los delitos*. No puedo daros bastantes gracias por el regalo que me habéis hecho de vuestra traducción, y por la celeridad con que habéis satisfecho al deseo que tenía de leerla. La he leído con un placer que no podré explicaros, y he visto que habéis hermoseado el original. Os protesto con la mayor sinceridad, que el orden que habéis adoptado me parece a mí mismo más natural, y muy preferible al mío, y que siento infinito el que la nueva edición italiana esté casi acabada, porque de lo contrario, me hubiera enteramente o casi del todo conformado a vuestro plan.

Mi obra no ha perdido nada de su fuerza natural en vuestra traducción, excepto en los pasajes en que el carácter esencial de una y otra lengua ha hecho alguna diferencia entre vuestras expresiones y las mías. La lengua italiana tiene más flexibilidad y docilidad, y tal vez, habiendo sido menos cultivada en el género filosófico, puede por esta misma razón adoptar los rasgos que la vuestra no podría emplear. Me parece que la objeción que se os ha hecho de que la mudanza del orden podía haber hecho perder mucho de la fuerza del original, no tiene ninguna solidez. La fuerza consiste en la elección de las expresiones y en la coalición de las ideas; la confusión no puede menos de ser dañosa para estos dos efectos.

Tampoco ha debido deteneros el temer herir mi amor propio. En primer lugar porque, como lo habéis dicho con la mayor verdad en vuestro excelente prefacio, un libro en que se defiende la causa de la humanidad, una vez publicado, pertenece al mundo y a todas las naciones; y relativamente a mí en particular, hubiera hecho muy pocos progresos en la filosofía del corazón, que contemplo muy superior a la del entendimiento, si no hubiese adquirido la fuerza de ver y de amar la verdad. Espero que la última edición, que no tardará en aparecer, se despache en muy poco tiempo, y os aseguro que en la sexta observaré enteramente, o con muy corta diferencia, el orden de vuestra traducción, que aclara mucho más las verdades que he tratado de recopilar. Digo que será con muy corta diferencia, porque por una lectura única y rápida que he hecho hasta ahora, no puede decidirme con un entero conocimiento de causa sobre los detalles, como lo he hecho ya del conjunto.

La impaciencia que mis amigos tienen de leer vuestra traducción me ha obligado a dejarla salir de entre mis manos así que la hube leído, y me veo en la necesidad de dejar para otra carta la explicación de algunos pasases que os han parecido oscuros. Pero debo deciros que cuando escribí esta obra, tenía a la vista los ejemplos de Machiavel, de Galileo y de Giannone. He oído el ruido de las cadenas que sacude la superstición y los gritos del fanatismo que ocultan los gemidos de la verdad. La vista de estos espectáculos horrorosos me ha determinado a envolver la luz algunas veces en nubes algo oscuras. He querido defender a la humanidad sin ser su mártir. Esta idea de que tenía que ser oscuro me ha hecho serlo algunas veces sin necesidad. Añadid a esto la inexperiencia y la falta de costumbre de escribir, perdonables en un autor que no tiene más que veintisiete años, y que hace apenas cinco años que ha entrado en la carrera literaria.

Me sería imposible describiros la satisfacción que me causa el interés que tomáis en mí, y cuán sensibles son las pruebas de estima que me dais, y que no puedo aceptar sin volverme un poco vano, ni desdeñar sin injuriaros. He recibido con el mismo agradecimiento e igual confusión los cumplimientos que me hacéis de la parte de los hombres célebres que hacen honor a la humanidad, a Europa y a su nación. D'Alembert, Diderot, Helvetius, Buffon, Hume, nombres ilustres y que no se pueden oír pronunciar sin emoción: vuestras obras inmortales son mi lectura continua, y forman mis ocupaciones por el día, y mis meditaciones por la noche. Lleno de las verdades que enseñáis, ¡cómo hubiera yo podido incensar el error adorado, y envilecerme hasta mentir a la posteridad!

Mi única ocupación es la de cultivar en paz la filosofía, y de contentar de este modo tres sentimientos muy vivos en mí: el amor de una reputación literaria, el de la libertad, y la compasión que me inspiran las desgracias de los hombres, esclavos de tantos errores. Yo dato de cinco años la época de mi conversión a la filosofía, y la debo a la lectura de las *Cartas persas.*

La segunda obra, que dio la última mano a la revolución operada en mi entendimiento, es la de M. Helvetius. Él es el que me ha indicado el camino de la verdad, y que ha despertado primero mi atención sobre la ceguedad y las desgracias de la humanidad. La mayor parte de mis ideas son debidas a la lectura del *Esprit* (*Entendimiento*)...

El conde de Firmiani está de vuelta en Milán ya hace algunos días, pero está muy ocupado, y no he podido verle aún. Él es el que ha protegido mi libro, y a él debo mi tranquilidad.

Incesantemente os remitiré algunas explicaciones sobre los pasajes que halláis un poco oscuros, y que no trataré de excusar, porque no he escrito para no ser entendido. Os ruego encarecidamente que me enviéis lo más pronto posible vuestras observaciones y las de vuestros amigos, para que pueda aprovecharme de ellas en la sexta edición. Comunicadme, sobre todo, el resultado de vuestras conversaciones con M. Diderot sobre mi obra. Deseo con impaciencia saber la impresión que he hecho sobre su alma sublime...

Tengo el honor de ofrecerme, etcétera.

BECCARIA

CARTA SEGUNDA

A MONSIEUR BECCARIA

París, y septiembre 1766.

Muy señor mío y mi querido hermano en filosofía, ya hace mucho tiempo que os debo una respuesta; había retardado el dárosla hasta ahora, con la esperanza de que al enviárosla os podría también remitir las observaciones de que ya he hablado sobre vuestra obra; pero hace ya más de tres meses que mis ocupaciones no me han permitido entregarme al trabajo que es preciso que tome para recogerlas y ponerlas en orden. Acabo de hacer para el ministro de Hacienda un gran trabajo que compone un tomo muy grueso. Desde que lo acabé he ido a Lyon, y desde allí a Ginebra, a casa de M. de Voltaire, con quien he hablado mucho del libro *De los delitos y de las penas*, y quien os tiene en la mayor estimación. Mas al fin he vuelto a París; y me aprovecharé del primer momento que tenga para compilar mis observaciones y las de mis amigos y enviároslas. Como me parecéis inclinado a seguir en vuestra primera edición, el orden que yo he seguido en la traducción, y que esta nueva combinación de todas las partes de vuestra obra sería penosa, y os haría perder un tiempo que podéis emplear con mayor utilidad, os enviaré un ejemplar italiano de vuestra última edición, dispuesto con arreglo al orden de mi última traducción. Os serviréis de ella como mejor os parezca, pero debo deciros que la disposición de nuestra traducción ha sido generalmente aprobada en ésta, como también vuestra indulgencia por esta ligera mudanza.

De Lyon recibiréis algunos libros que yo había enviado allí hace ya más de dos meses y medio, y a los que por negligencia no han dado curso.

Consisten en un ejemplar de la edición en cuarto, sin cartones, del libro del *Esprit* (*Entendimiento*), que M. Helvetius os ruega que aceptéis de su parte, y una obra de un tal Boulanger, muerto hace ya algunos años, que ha vivido en nuestra sociedad, y que tenía una cabeza de las más sistemáticas, pero bien constituida y llena de ideas muy nuevas. Ya debéis haber visto el *Despotismo oriental*, otra obra suya. Podéis estar seguro de que no perderé una ocasión, en lo sucesivo, de enviaros las obras un poco picantes que podamos tener. En París estamos bajo la férula de una inquisición muy severa en punto a los libros; pero todo penetra y pasa al fin, de modo que se hallan en casa de todos los libreros, y puestos públicamente a la venta a un precio muy moderado, los mismos libros que han sido perseguidos antes con la mayor violencia; pero es necesario esperar mucho tiempo, o bien pagar estas obras a un precio exorbitante. Entre paréntesis, ¿qué pensáis de esta sublime política, que pone todo su anhelo en que un libro se venda un poco más tarde de lo regular?...

¿Podréis creer que en el momento en que os escribo se han hecho ya siete ediciones de mi traducción? Esto me autoriza a esperar más humanidad; pues he aquí mi razonamiento: puesto que hay siete ediciones, debe de haber a lo menos siete mil personas que lean este libro, y podéis estar seguro de que a la mayor parte de los que le leen les agrada y adoptan sus principios, porque como lo habéis dicho vos mismo, hablando en general, los tiranos no leen. He aquí muchos discípulos de la razón, que harán otros tantos más, muchas escuelas abiertas y mucha instrucción esparcida; ¿y qué obstáculo podrá sostenerse contra la acción universal (y obrando a la vez como lo hará algún día) de las luces, la razón, y la opinión pública? Sé, mi querido amigo, que la opinión pública es sobre la que debemos contar. Ni los señores Voltaire, D'Alembert, ni Rousseau, ni vos, ni ningún otro filósofo podrán jamás producir un efecto inmediato sobre el entendimiento de los que gobiernan, pero obraremos sobre la opinión publica, y ésta llegará en fin a subyugar a los fanáticos, y aun a los tiranos unos tras otros.

Pero volvamos a vuestra obra: tenéis razón en esperar mis observaciones y las de mis amigos antes de comunicarme las vuestras. Sólo os pido un poco de tiempo y quedaréis satisfecho. Además, que pienso que no os faltarán críticas, pero es preciso que sean públicas para aprovecharlas. Bien seguro que traduciré vuestra nueva edición, y que esta ocupación será para mí dulce y agradable. Tenéis demasiada bondad en tenerme ningún reconocimiento por ello. El placer que he tenido en traduciros es una recompensa más que suficiente, y puedo aseguraros que me habéis pagado con usura la pena que me he tomado...

Quedo, etcétera.

MORELLET

FIN

ÍNDICE

TRATADO DE LOS DELITOS Y DE LAS PENAS

NOTAS

Cap.

COMENTARIO SOBRE EL LIBRO *DE LOS DELITOS Y DE LAS PENAS* POR VOLTAIRE

Cap.

Esta obra se terminó de imprimir y encuadernar
el 10 de marzo de 2010 en los talleres
Castellanos Impresión, SA de CV,
Ganaderos 149, col. Granjas Esmeralda,
09810, Iztapalapa, México, DF

La tipografía de este libro se realizó con fuente
Garamond en cuerpo de 11/13 pts., caja de 24 x 42 pica

